PSALMI

LIBER PSALMORUM IUXTA VULGATAM

CLEMENTINAM

Psalms

The Book of Psalms

From the Clementine Vulgate

JOHN PIERCE
BOSTON
2012

John Pierce
Six Beacon Street, Suite 526
Boston, Massachusetts 02108
admin@johnpierce.info

My purpose in creating this book was to fulfill my wish to have a book of the Psalms in Latin that I can read while traveling on a train. There appeared to me to be no such book currently available at a reasonable pirce, other than an entire Bible, which would be heavy for me to carry.

The text is from *Biblia Sacra juxta Vulgatam Clementinam*, M. Tweedale (ed.). available at http://vulsearch.sourceforge.net/ accessed on November 27, 2011. I have made four or five slight changes to punctuation, and I have moved one verse number three words ahead, after consulting the hardcover edition of Colunga and Turrado. For Psalms 9 and 113 I have indicated the division into Psalms A and B. For Psalm 118 I have placed the names of the Hebrew letters in bold print. Anyone wishing to quote or cite the text for any academic purpose should use the vulsearch website and not this volume.

Since I have gone to the trouble of having the book produced for my own use on a print to order basis, I intend to make it available for a while for purchase by any interested person, if indeed there should be such a person.

It is my understanding that the text is entirely within the public domain.

J. Pierce

1
1 Beatus vir qui non abiit in consilio impiorum,
et in via peccatorum non stetit,
et in cathedra pestilentiæ non sedit;
2 sed in lege Domini voluntas ejus,
et in lege ejus meditabitur die ac nocte.
3 Et erit tamquam lignum quod plantatum est secus decursus aquarum,
quod fructum suum dabit in tempore suo:
et folium ejus non defluet;
et omnia quæcumque faciet prosperabuntur.
4 Non sic impii, non sic;
sed tamquam pulvis quem projicit ventus a facie terræ.
5 Ideo non resurgent impii in judicio,
neque peccatores in concilio justorum:
6 quoniam novit Dominus viam justorum,
et iter impiorum peribit.

2
1 Quare fremuerunt gentes,
et populi meditati sunt inania?
2 Astiterunt reges terræ,
et principes convenerunt in unum
adversus Dominum, et adversus christum ejus.
3 Dirumpamus vincula eorum,
et projiciamus a nobis jugum ipsorum.
4 Qui habitat in cælis irridebit eos,
et Dominus subsannabit eos.
5 Tunc loquetur ad eos in ira sua,
et in furore suo conturbabit eos.
6 Ego autem constitutus sum rex ab eo
super Sion, montem sanctum ejus,
prædicans præceptum ejus.
7 Dominus dixit ad me: Filius meus es tu;

ego hodie genui te.
8 Postula a me, et dabo tibi gentes hæreditatem tuam,
et possessionem tuam terminos terræ.
9 Reges eos in virga ferrea,
et tamquam vas figuli confringes eos.
10 Et nunc, reges, intelligite;
erudimini, qui judicatis terram.
11 Servite Domino in timore,
et exsultate ei cum tremore.
12 Apprehendite disciplinam, nequando irascatur Dominus,
et pereatis de via justa.
13 Cum exarserit in brevi ira ejus,
beati omnes qui confidunt in eo.

3
1 Psalmus David, cum fugeret a facie Absalom filii sui.
2 Domine, quid multiplicati sunt qui tribulant me?
Multi insurgunt adversum me;
3 multi dicunt animæ meæ:
Non est salus ipsi in Deo ejus.
4 Tu autem Domine, susceptor meus es,
gloria mea, et exaltans caput meum.
5 Voce mea ad Dominum clamavi;
et exaudivit me de monte sancto suo.
6 Ego dormivi, et soporatus sum;
et exsurrexi, quia Dominus suscepit me.
7 Non timebo millia populi circumdantis me.
Exsurge, Domine ; salvum me fac, Deus meus.
8 Quoniam tu percussisti omnes adversantes mihi sine causa;
dentes peccatorum contrivisti.
9 Domini est salus;
et super populum tuum benedictio tua.

4
1 In finem, in carminibus. Psalmus David.
2 Cum invocarem exaudivit me Deus justitiæ meæ,
in tribulatione dilatasti mihi.
Miserere mei, et exaudi orationem meam.
3 Filii hominum, usquequo gravi corde?
ut quid diligitis vanitatem, et quæritis mendacium?
4 Et scitote quoniam mirificavit Dominus sanctum suum;
Dominus exaudiet me cum clamavero ad eum.
5 Irascimini, et nolite peccare;
quæ dicitis in cordibus vestris, in cubilibus vestris
compungimini.
6 Sacrificate sacrificium justitiæ, et sperate in Domino.
Multi dicunt : Quis ostendit nobis bona?
7 Signatum est super nos lumen vultus tui, Domine :
dedisti lætitiam in corde meo.
8 A fructu frumenti, vini, et olei sui, multiplicati sunt.
9 In pace in idipsum dormiam, et requiescam;
10 quoniam tu, Domine, singulariter in spe constituisti me.

5
1 In finem, pro ea quæ hæreditatem consequitur. Psalmus David.
2 Verba mea auribus percipe, Domine;
intellige clamorem meum.
3 Intende voci orationis meæ,
rex meus et Deus meus.
4 Quoniam ad te orabo, Domine:
mane exaudies vocem meam.
5 Mane astabo tibi, et videbo
quoniam non Deus volens iniquitatem tu es.
6 Neque habitabit juxta te malignus,
neque permanebunt injusti ante oculos tuos.
7 Odisti omnes qui operantur iniquitatem;
perdes omnes qui loquuntur mendacium.
Virum sanguinum et dolosum abominabitur Dominus.

8 Ego autem in multitudine misericordiæ tuæ
introibo in domum tuam;
adorabo ad templum sanctum tuum in timore tuo.
9 Domine, deduc me in justitia tua:
propter inimicos meos dirige in conspectu tuo viam meam.
10 Quoniam non est in ore eorum veritas;
cor eorum vanum est.
11 Sepulchrum patens est guttur eorum;
linguis suis dolose agebant:
judica illos, Deus.
Decidant a cogitationibus suis;
secundum multitudinem impietatum eorum expelle eos,
quoniam irritaverunt te, Domine.
12 Et lætentur omnes qui sperant in te;
in æternum exsultabunt, et habitabis in eis.
Et gloriabuntur in te omnes qui diligunt nomen tuum,
13 quoniam tu benedices justo.
Domine, ut scuto bonæ voluntatis tuæ coronasti nos.

6
1 In finem, in carminibus. Psalmus David. Pro octava.
2 Domine, ne in furore tuo arguas me,
neque in ira tua corripias me.
3 Miserere mei, Domine, quoniam infirmus sum;
sana me, Domine, quoniam conturbata sunt ossa mea.
4 Et anima mea turbata est valde ;
sed tu, Domine, usquequo ?
5 Convertere, Domine, et eripe animam meam;
salvum me fac propter misericordiam tuam.
6 Quoniam non est in morte qui memor sit tui;
in inferno autem quis confitebitur tibi ?
7 Laboravi in gemitu meo;
lavabo per singulas noctes lectum meum:
lacrimis meis stratum meum rigabo.
8 Turbatus est a furore oculus meus;
inveteravi inter omnes inimicos meos.

9 Discedite a me omnes qui operamini iniquitatem,
quoniam exaudivit Dominus vocem fletus mei.
10 Exaudivit Dominus deprecationem meam;
Dominus orationem meam suscepit.
11 Erubescant, et conturbentur vehementer, omnes inimici mei;
convertantur, et erubescant valde velociter.

7

1 Psalmus David, quem cantavit Domino pro verbis Chusi, filii Jemini.
2 Domine Deus meus, in te speravi;
salvum me fac ex omnibus persequentibus me, et libera me:
3 nequando rapiat ut leo animam meam,
dum non est qui redimat, neque qui salvum faciat.
4 Domine Deus meus, si feci istud,
si est iniquitas in manibus meis,
5 si reddidi retribuentibus mihi mala,
decidam merito ab inimicis meis inanis.
6 Persequatur inimicus animam meam, et comprehendat;
et conculcet in terra vitam meam,
et gloriam meam in pulverem deducat.
7 Exsurge, Domine, in ira tua,
et exaltare in finibus inimicorum meorum:
et exsurge, Domine Deus meus, in præcepto quod mandasti,
8 et synagoga populorum circumdabit te:
et propter hanc in altum regredere:
9 Dominus judicat populos.
Judica me, Domine, secundum justitiam meam,
et secundum innocentiam meam super me.
10 Consumetur nequitia peccatorum, et diriges justum,
scrutans corda et renes, Deus.
11 Justum adjutorium meum a Domino,
qui salvos facit rectos corde.
12 Deus judex justus, fortis, et patiens ;

numquid irascitur per singulos dies?
13 Nisi conversi fueritis, gladium suum vibrabit;
arcum suum tetendit, et paravit illum.
14 Et in eo paravit vasa mortis,
sagittas suas ardentibus effecit.
15 Ecce parturiit injustitiam;
concepit dolorem, et peperit iniquitatem.
16 Lacum aperuit, et effodit eum;
et incidit in foveam quam fecit.
17 Convertetur dolor ejus in caput ejus,
et in verticem ipsius iniquitas ejus descendet.
18 Confitebor Domino secundum justitiam ejus,
et psallam nomini Domini altissimi.

8
1 In finem, pro torcularibus. Psalmus David.
2 Domine, Dominus noster,
quam admirabile est nomen tuum in universa terra!
quoniam elevata est magnificentia tua super cælos.
3 Ex ore infantium et lactentium perfecisti laudem propter inimicos tuos,
ut destruas inimicum et ultorem.
4 Quoniam videbo cælos tuos, opera digitorum tuorum,
lunam et stellas quæ tu fundasti.
5 Quid est homo, quod memor es ejus?
aut filius hominis, quoniam visitas eum?
6 Minuisti eum paulominus ab angelis ;
gloria et honore coronasti eum;
7 et constituisti eum super opera manuum tuarum.
8 Omnia subjecisti sub pedibus ejus,
oves et boves universas,
insuper et pecora campi,
9 volucres cæli, et pisces maris
qui perambulant semitas maris.
10 Domine, Dominus noster,
quam admirabile est nomen tuum in universa terra!

9
(9A)
1 In finem, pro occultis filii. Psalmus David.
2 Confitebor tibi, Domine, in toto corde meo;
narrabo omnia mirabilia tua.
3 Lætabor et exsultabo in te;
psallam nomini tuo, Altissime.
4 In convertendo inimicum meum retrorsum;
infirmabuntur, et peribunt a facie tua.
5 Quoniam fecisti judicium meum et causam meam;
sedisti super thronum, qui judicas justitiam.
6 Increpasti gentes, et periit impius:
nomen eorum delesti in æternum, et in sæculum sæculi.
7 Inimici defecerunt frameæ in finem,
et civitates eorum destruxisti.
Periit memoria eorum cum sonitu;
8 et Dominus in æternum permanet.
Paravit in judicio thronum suum,
9 et ipse judicabit orbem terræ in æquitate :
judicabit populos in justitia.
10 Et factus est Dominus refugium pauperi;
adjutor in opportunitatibus, in tribulatione.
11 Et sperent in te qui noverunt nomen tuum,
quoniam non dereliquisti quærentes te, Domine.
12 Psallite Domino qui habitat in Sion;
annuntiate inter gentes studia ejus:
13 quoniam requirens sanguinem eorum recordatus est;
non est oblitus clamorem pauperum.
14 Miserere mei, Domine:
vide humilitatem meam de inimicis meis,
15 qui exaltas me de portis mortis,
ut annuntiem omnes laudationes tuas in portis filiæ Sion:
16 exultabo in salutari tuo.
Infixæ sunt gentes in interitu quem fecerunt;
in laqueo isto quem absconderunt

comprehensus est pes eorum.
17 Cognoscetur Dominus judicia faciens;
in operibus manuum suarum comprehensus est peccator.
18 Convertantur peccatores in infernum,
omnes gentes quæ obliviscuntur Deum.
19 Quoniam non in finem oblivio erit pauperis;
patientia pauperum non peribit in finem.
20 Exsurge, Domine ; non confortetur homo:
judicentur gentes in conspectu tuo.
21 Constitue, Domine, legislatorem super eos,
ut sciant gentes quoniam homines sunt.

(9B)
22 Ut quid, Domine, recessisti longe;
despicis in opportunitatibus, in tribulatione?
23 Dum superbit impius, incenditur pauper:
comprehenduntur in consiliis quibus cogitant.
24 Quoniam laudatur peccator in desideriis animæ suæ,
et iniquus benedicitur.
25 Exacerbavit Dominum peccator:
secundum multitudinem iræ suæ, non quæret.
26 Non est Deus in conspectu ejus;
inquinatæ sunt viæ illius in omni tempore.
Auferuntur judicia tua a facie ejus;
omnium inimicorum suorum dominabitur.
27 Dixit enim in corde suo : Non movebor
a generatione in generationem, sine malo.
28 Cujus maledictione os plenum est, et amaritudine, et dolo;
sub lingua ejus labor et dolor.
29 Sedet in insidiis cum divitibus in occultis,
ut interficiat innocentem.
30 Oculi ejus in pauperem respiciunt;
insidiatur in abscondito, quasi leo in spelunca sua.
Insidiatur ut rapiat pauperem;
rapere pauperem dum attrahit eum.

31 In laqueo suo humiliabit eum;
inclinabit se, et cadet cum dominatus fuerit pauperum.
32 Dixit enim in corde suo : Oblitus est Deus;
avertit faciem suam, ne videat in finem.
33 Exsurge, Domine Deus, exaltetur manus tua;
ne obliviscaris pauperum.
34 Propter quid irritavit impius Deum?
dixit enim in corde suo : Non requiret.
35 Vides, quoniam tu laborem et dolorem consideras,
ut tradas eos in manus tuas.
Tibi derelictus est pauper;
orphano tu eris adjutor.
36 Contere brachium peccatoris et maligni;
quæretur peccatum illius, et non invenietur.
37 Dominus regnabit in æternum, et in sæculum sæculi;
peribitis, gentes, de terra illius.
38 Desiderium pauperum exaudivit Dominus;
præparationem cordis eorum audivit auris tua:
39 judicare pupillo et humili,
ut non apponat ultra magnificare se homo super terram.

10
1 In finem. Psalmus David.
2 In Domino confido; quomodo dicitis animæ meæ :
Transmigra in montem sicut passer?
3 Quoniam ecce peccatores intenderunt arcum;
paraverunt sagittas suas in pharetra,
ut sagittent in obscuro rectos corde:
4 quoniam quæ perfecisti destruxerunt;
justus autem, quid fecit?
5 Dominus in templo sancto suo;
Dominus in cælo sedes ejus.
Oculi ejus in pauperem respiciunt;
palpebræ ejus interrogant filios hominum.
6 Dominus interrogat justum et impium;
qui autem diligit iniquitatem, odit animam suam.

7 Pluet super peccatores laqueos;
ignis et sulphur, et spiritus procellarum, pars calicis eorum.
8 Quoniam justus Dominus, et justitias dilexit:
æquitatem vidit vultus ejus.

11
1 In finem, pro octava. Psalmus David.
2 Salvum me fac, Domine, quoniam defecit sanctus,
quoniam diminutæ sunt veritates a filiis hominum.
3 Vana locuti sunt unusquisque ad proximum suum;
labia dolosa, in corde et corde locuti sunt.
4 Disperdat Dominus universa labia dolosa,
et linguam magniloquam.
5 Qui dixerunt: Linguam nostram magnificabimus;
labia nostra a nobis sunt.
Quis noster dominus est?
6 Propter miseriam inopum, et gemitum pauperum,
nunc exsurgam, dicit Dominus.
Ponam in salutari;
fiducialiter agam in eo.
7 Eloquia Domini, eloquia casta; argentum igne examinatum,
probatum terræ, purgatum septuplum.
8 Tu, Domine, servabis nos,
et custodies nos a generatione hac in æternum.
9 In circuitu impii ambulant:
secundum altitudinem tuam multiplicasti filios hominum.

12
1 In finem. Psalmus David.
Usquequo, Domine, obliviscéris me in finem?
usquequo avertis faciem tuam a me?
2 quamdiu ponam consilia in anima mea ;

dolorem in corde meo per diem?
3 usquequo exaltabitur inimicus meus super me?
4 Respice, et exaudi me, Domine Deus meus.
Illumina oculos meos, ne umquam obdormiam in morte;
5 nequando dicat inimicus meus : Prævalui adversus eum.
Qui tribulant me exsultabunt si motus fuero;
6 ego autem in misericordia tua speravi.
Exsultabit cor meum in salutari tuo.
Cantabo Domino qui bona tribuit mihi;
et psallam nomini Domini altissimi.

13
1 In finem. Psalmus David.
Dixit insipiens in corde suo: Non est Deus.
Corrupti sunt, et abominabiles facti sunt in studiis suis;
non est qui faciat bonum, non est usque ad unum.
2 Dominus de cælo prospexit super filios hominum,
ut videat si est intelligens, aut requirens Deum.
3 Omnes declinaverunt, simul inutiles facti sunt.
Non est qui faciat bonum, non est usque ad unum.
Sepulchrum patens est guttur eorum;
linguis suis dolose agebant.
Venenum aspidum sub labiis eorum,
quorum os maledictione et amaritudine plenum est;
veloces pedes eorum ad effundendum sanguinem.
Contritio et infelicitas in viis eorum,
et viam pacis non cognoverunt;
non est timor Dei ante oculos eorum.
4 Nonne cognoscent omnes qui operantur iniquitatem,
qui devorant plebem meam sicut escam panis?
5 Dominum non invocaverunt;
illic trepidaverunt timore, ubi non erat timor.
6 Quoniam Dominus in generatione justa est:
consilium inopis confudistis,
quoniam Dominus spes ejus est.
7 Quis dabit ex Sion salutare Israël?

Cum averterit Dominus captivitatem plebis suæ,
exsultabit Jacob, et lætabitur Israël.

14
1 Psalmus David.
Domine, quis habitabit in tabernaculo tuo?
aut quis requiescet in monte sancto tuo?
2 Qui ingreditur sine macula,
et operatur justitiam;
3 qui loquitur veritatem in corde suo:
qui non egit dolum in lingua sua,
nec fecit proximo suo malum,
et opprobrium non accepit adversus proximos suos.
4 Ad nihilum deductus est in conspectu ejus malignus;
timentes autem Dominum glorificat.
Qui jurat proximo suo, et non decipit;
5 qui pecuniam suam non dedit ad usuram,
et munera super innocentem non accepit:
qui facit hæc non movebitur in æternum.

15
1 Tituli inscriptio, ipsi David.
Conserva me, Domine, quoniam speravi in te.
2 Dixi Domino : Deus meus es tu,
quoniam bonorum meorum non eges.
3 Sanctis qui sunt in terra ejus,
mirificavit omnes voluntates meas in eis.
4 Multiplicatæ sunt infirmitates eorum:
postea acceleraverunt.
Non congregabo conventicula eorum de sanguinibus,
nec memor ero nominum eorum per labia mea.
5 Dominus pars hæreditatis meæ, et calicis mei:
tu es qui restitues hæreditatem meam mihi.
6 Funes ceciderunt mihi in præclaris;
etenim hæreditas mea præclara est mihi.
7 Benedicam Dominum qui tribuit mihi intellectum;

insuper et usque ad noctem increpuerunt me renes mei.
8 Providebam Dominum in conspectu meo semper:
quoniam a dextris est mihi, ne commovear.
9 Propter hoc lætatum est cor meum, et exsultavit lingua mea;
insuper et caro mea requiescet in spe.
10 Quoniam non derelinques animam meam in inferno,
nec dabis sanctum tuum videre corruptionem.
Notas mihi fecisti vias vitæ;
adimplebis me lætitia cum vultu tuo:
delectationes in dextera tua usque in finem.

16
1 Oratio David.
Exaudi, Domine, justitiam meam;
intende deprecationem meam.
Auribus percipe orationem meam,
non in labiis dolosis.
2 De vultu tuo judicium meum prodeat;
oculi tui videant æquitates.
3 Probasti cor meum, et visitasti nocte;
igne me examinasti, et non est inventa in me iniquitas.
4 Ut non loquatur os meum opera hominum:
propter verba labiorum tuorum, ego custodivi vias duras.
5 Perfice gressus meos in semitis tuis,
ut non moveantur vestigia mea.
6 Ego clamavi, quoniam exaudisti me, Deus ;
inclina aurem tuam mihi, et exaudi verba mea.
7 Mirifica misericordias tuas,
qui salvos facis sperantes in te.
8 A resistentibus dexteræ tuæ custodi me
ut pupillam oculi.
Sub umbra alarum tuarum protege me
9 a facie impiorum qui me afflixerunt.
Inimici mei animam meam circumdederunt ;
10 adipem suum concluserunt:

os eorum locutum est superbiam.
11 Projicientes me nunc circumdederunt me;
oculos suos statuerunt declinare in terram.
12 Susceperunt me sicut leo paratus ad prædam,
et sicut catulus leonis habitans in abditis.
13 Exsurge, Domine: præveni eum, et supplanta eum:
eripe animam meam ab impio;
14 frameam tuam ab inimicis manus tuæ.
Domine, a paucis de terra divide eos in vita eorum;
de absconditis tuis adimpletus est venter eorum.
Saturati sunt filiis,
et dimiserunt reliquias suas parvulis suis.
15 Ego autem in justitia apparebo conspectui tuo;
satiabor cum apparuerit gloria tua.

17

1 In finem. Puero Domini David, qui locutus est Domino verba cantici hujus, in die qua eripuit eum Dominus de manu omnium inimicorum ejus, et de manu Saul, et dixit:
2 Diligam te, Domine, fortitudo mea.
3 Dominus firmamentum meum, et refugium meum, et liberator meus.
Deus meus adjutor meus, et sperabo in eum;
protector meus, et cornu salutis meæ, et susceptor meus.
4 Laudans invocabo Dominum,
et ab inimicis meis salvus ero.
5 Circumdederunt me dolores mortis,
et torrentes iniquitatis conturbaverunt me.
6 Dolores inferni circumdederunt me;
præoccupaverunt me laquei mortis.
7 In tribulatione mea invocavi Dominum,
et ad Deum meum clamavi:
et exaudivit de templo sancto suo vocem meam;
et clamor meus in conspectu ejus introivit in aures ejus.
8 Commota est, et contremuit terra;
fundamenta montium conturbata sunt, et commota sunt:

quoniam iratus est eis.
9 Ascendit fumus in ira ejus,
et ignis a facie ejus exarsit;
carbones succensi sunt ab eo.
10 Inclinavit cælos, et descendit,
et caligo sub pedibus ejus.
11 Et ascendit super cherubim, et volavit;
volavit super pennas ventorum.
12 Et posuit tenebras latibulum suum;
in circuitu ejus tabernaculum ejus,
tenebrosa aqua in nubibus aëris.
13 Præ fulgore in conspectu ejus nubes transierunt;
grando et carbones ignis.
14 Et intonuit de cælo Dominus,
et Altissimus dedit vocem suam:
grando et carbones ignis.
15 Et misit sagittas suas, et dissipavit eos;
fulgura multiplicavit, et conturbavit eos.
16 Et apparuerunt fontes aquarum,
et revelata sunt fundamenta orbis terrarum,
ab increpatione tua, Domine,
ab inspiratione spiritus iræ tuæ.
17 Misit de summo, et accepit me;
et assumpsit me de aquis multis.
18 Eripuit me de inimicis meis fortissimis, et ab his qui oderunt me.
Quoniam confortati sunt super me;
19 prævenerunt me in die afflictionis meæ:
et factus est Dominus protector meus.
20 Et eduxit me in latitudinem;
salvum me fecit, quoniam voluit me,
21 et retribuet mihi Dominus secundum justitiam meam,
et secundum puritatem manuum mearum retribuet mihi:
22 quia custodivi vias Domini,
nec impie gessi a Deo meo;
23 quoniam omnia judicia ejus in conspectu meo,

et justitias ejus non repuli a me.
24 Et ero immaculatus cum eo;
et observabo me ab iniquitate mea.
25 Et retribuet mihi Dominus secundum justitiam meam,
et secundum puritatem manuum mearum in conspectu oculorum ejus.
26 Cum sancto sanctus eris,
et cum viro innocente innocens eris,
27 et cum electo electus eris,
et cum perverso perverteris.
28 Quoniam tu populum humilem salvum facies,
et oculos superborum humiliabis.
29 Quoniam tu illuminas lucernam meam, Domine;
Deus meus, illumina tenebras meas.
30 Quoniam in te eripiar a tentatione;
et in Deo meo transgrediar murum.
31 Deus meus, impolluta via ejus;
eloquia Domini igne examinata:
protector est omnium sperantium in se.
32 Quoniam quis deus præter Dominum?
aut quis deus præter Deum nostrum?
33 Deus qui præcinxit me virtute,
et posuit immaculatam viam meam;
34 qui perfecit pedes meos tamquam cervorum,
et super excelsa statuens me;
35 qui docet manus meas ad prælium.
Et posuisti, ut arcum æreum, brachia mea,
36 et dedisti mihi protectionem salutis tuæ:
et dextera tua suscepit me,
et disciplina tua correxit me in finem,
et disciplina tua ipsa me docebit.
37 Dilatasti gressus meos subtus me,
et non sunt infirmata vestigia mea.
38 Persequar inimicos meos, et comprehendam illos;
et non convertar donec deficiant.
39 Confringam illos, nec poterunt stare;

cadent subtus pedes meos.
40 Et præcinxisti me virtute ad bellum,
et supplantasti insurgentes in me subtus me.
41 Et inimicos meos dedisti mihi dorsum,
et odientes me disperdidisti.
42 Clamaverunt, nec erat qui salvos faceret;
ad Dominum, nec exaudivit eos.
43 Et comminuam eos ut pulverem ante faciem venti ;
ut lutum platearum delebo eos.
44 Eripies me de contradictionibus populi;
constitues me in caput gentium.
45 Populus quem non cognovi servivit mihi ;
in auditu auris obedivit mihi.
46 Filii alieni mentiti sunt mihi,
filii alieni inveterati sunt,
et claudicaverunt a semitis suis.
47 Vivit Dominus, et benedictus Deus meus,
et exaltetur Deus salutis meæ.
48 Deus qui das vindictas mihi,
et subdis populos sub me;
liberator meus de inimicis meis iracundis.
49 Et ab insurgentibus in me exaltabis me;
a viro iniquo eripies me.
50 Propterea confitebor tibi in nationibus, Domine,
et nomini tuo psalmum dicam;
51 magnificans salutes regis ejus,
et faciens misericordiam christo suo David,
et semini ejus usque in sæculum.

18
1 In finem. Psalmus David.
2 Cæli enarrant gloriam Dei,
et opera manuum ejus annuntiat firmamentum.

3 Dies diei eructat verbum,
et nox nocti indicat scientiam.
4 Non sunt loquelæ, neque sermones,
quorum non audiantur voces eorum.
5 In omnem terram exivit sonus eorum,
et in fines orbis terræ verba eorum.
6 In sole posuit tabernaculum suum ;
et ipse tamquam sponsus procedens de thalamo suo.
Exsultavit ut gigas ad currendam viam;
7 a summo cælo egressio ejus.
Et occursus ejus usque ad summum ejus;
nec est qui se abscondat a calore ejus.
8 Lex Domini immaculata, convertens animas;
testimonium Domini fidele, sapientiam præstans parvulis.
9 Justitiæ Domini rectæ, lætificantes corda;
præceptum Domini lucidum, illuminans oculos.
10 Timor Domini sanctus, permanens in sæculum sæculi;
judicia Domini vera, justificata in semetipsa,
11 desiderabilia super aurum et lapidem pretiosum multum,
et dulciora super mel et favum.
12 Etenim servus tuus custodit ea;
in custodiendis illis retributio multa.
13 Delicta quis intelligit?
ab occultis meis munda me;
14 et ab alienis parce servo tuo.
Si mei non fuerint dominati, tunc immaculatus ero,
et emundabor a delicto maximo.
15 Et erunt ut complaceant eloquia oris mei,
et meditatio cordis mei in conspectu tuo semper.
Domine, adjutor meus, et redemptor meus.

19
1 In finem. Psalmus David.
2 Exaudiat te Dominus in die tribulationis;
protegat te nomen Dei Jacob.
3 Mittat tibi auxilium de sancto,

et de Sion tueatur te.
4 Memor sit omnis sacrificii tui,
et holocaustum tuum pingue fiat.
5 Tribuat tibi secundum cor tuum,
et omne consilium tuum confirmet.
6 Lætabimur in salutari tuo;
et in nomine Dei nostri magnificabimur.
7 Impleat Dominus omnes petitiones tuas;
nunc cognovi quoniam salvum fecit Dominus christum suum.
Exaudiet illum de cælo sancto suo,
in potentatibus salus dexteræ ejus.
8 Hi in curribus, et hi in equis;
nos autem in nomine Domini Dei nostri invocabimus.
9 Ipsi obligati sunt, et ceciderunt;
nos autem surreximus, et erecti sumus.
10 Domine, salvum fac regem,
et exaudi nos in die qua invocaverimus te.

20
 1 In finem. Psalmus David.
2 Domine, in virtute tua lætabitur rex,
et super salutare tuum exsultabit vehementer.
3 Desiderium cordis ejus tribuisti ei,
et voluntate labiorum ejus non fraudasti eum.
4 Quoniam prævenisti eum in benedictionibus dulcedinis;
posuisti in capite ejus coronam de lapide pretioso.
5 Vitam petiit a te, et tribuisti ei longitudinem dierum,
in sæculum, et in sæculum sæculi.
6 Magna est gloria ejus in salutari tuo;
gloriam et magnum decorem impones super eum.
7 Quoniam dabis eum in benedictionem in sæculum sæculi ;
lætificabis eum in gaudio cum vultu tuo.

8 Quoniam rex sperat in Domino,
et in misericordia Altissimi non commovebitur.
9 Inveniatur manus tua omnibus inimicis tuis;
dextera tua inveniat omnes qui te oderunt.
10 Pones eos ut clibanum ignis in tempore vultus tui:
Dominus in ira sua conturbabit eos,
et devorabit eos ignis.
11 Fructum eorum de terra perdes,
et semen eorum a filiis hominum,
12 quoniam declinaverunt in te mala;
cogitaverunt consilia quæ non potuerunt stabilire.
13 Quoniam pones eos dorsum;
in reliquiis tuis præparabis vultum eorum.
14 Exaltare, Domine, in virtute tua;
cantabimus et psallemus virtutes tuas.

21
 1 In finem, pro susceptione matutina. Psalmus David.
2 Deus, Deus meus, respice in me : quare me dereliquisti?
longe a salute mea verba delictorum meorum.
3 Deus meus, clamabo per diem, et non exaudies;
et nocte, et non ad insipientiam mihi.
4 Tu autem in sancto habitas, laus Israël.
5 In te speraverunt patres nostri;
speraverunt, et liberasti eos.
6 Ad te clamaverunt, et salvi facti sunt;
in te speraverunt, et non sunt confusi.
7 Ego autem sum vermis, et non homo;
opprobrium hominum, et abjectio plebis.
8 Omnes videntes me deriserunt me;
locuti sunt labiis, et moverunt caput.
9 Speravit in Domino, eripiat eum:
salvum faciat eum, quoniam vult eum.
10 Quoniam tu es qui extraxisti me de ventre,
spes mea ab uberibus matris meæ.

11 In te projectus sum ex utero;
de ventre matris meæ Deus meus es tu:
12 ne discesseris a me,
quoniam tribulatio proxima est,
quoniam non est qui adjuvet.
13 Circumdederunt me vituli multi;
tauri pingues obsederunt me.
14 Aperuerunt super me os suum,
sicut leo rapiens et rugiens.
15 Sicut aqua effusus sum,
et dispersa sunt omnia ossa mea:
factum est cor meum tamquam cera liquescens in medio
ventris mei.
16 Aruit tamquam testa virtus mea,
et lingua mea adhæsit faucibus meis:
et in pulverem mortis deduxisti me.
17 Quoniam circumdederunt me canes multi;
concilium malignantium obsedit me.
Foderunt manus meas et pedes meos;
18 dinumeraverunt omnia ossa mea.
Ipsi vero consideraverunt et inspexerunt me.
19 Diviserunt sibi vestimenta mea,
et super vestem meam miserunt sortem.
20 Tu autem, Domine, ne elongaveris auxilium tuum a me;
ad defensionem meam conspice.
21 Erue a framea, Deus, animam meam,
et de manu canis unicam meam.
22 Salva me ex ore leonis,
et a cornibus unicornium humilitatem meam.
23 Narrabo nomen tuum fratribus meis;
in medio ecclesiæ laudabo te.
24 Qui timetis Dominum, laudate eum;
universum semen Jacob, glorificate eum.
25 Timeat eum omne semen Israël,
quoniam non sprevit, neque despexit deprecationem
pauperis,

nec avertit faciem suam a me:
et cum clamarem ad eum, exaudivit me.
26 Apud te laus mea in ecclesia magna;
vota mea reddam in conspectu timentium eum.
27 Edent pauperes, et saturabuntur,
et laudabunt Dominum qui requirunt eum:
vivent corda eorum in sæculum sæculi.
28 Reminiscentur et convertentur ad Dominum universi fines terræ;
et adorabunt in conspectu ejus universæ familiæ gentium:
29 quoniam Domini est regnum,
et ipse dominabitur gentium.
30 Manducaverunt et adoraverunt omnes pingues terræ;
in conspectu ejus cadent omnes qui descendunt in terram.
31 Et anima mea illi vivet;
et semen meum serviet ipsi.
32 Annuntiabitur Domino generatio ventura;
et annuntiabunt cæli justitiam ejus
populo qui nascetur, quem fecit Dominus.

22
 1 Psalmus David.
Dominus regit me, et nihil mihi deerit:
2 in loco pascuæ, ibi me collocavit.
Super aquam refectionis educavit me;
3 animam meam convertit.
Deduxit me super semitas justitiæ
propter nomen suum.
4 Nam etsi ambulavero in medio umbræ mortis,
non timebo mala, quoniam tu mecum es.
Virga tua, et baculus tuus,
ipsa me consolata sunt.
5 Parasti in conspectu meo mensam
adversus eos qui tribulant me;
impinguasti in oleo caput meum:
et calix meus inebrians, quam præclarus est!

6 Et misericordia tua subsequetur me
omnibus diebus vitæ meæ;
et ut inhabitem in domo Domini
in longitudinem dierum.

23

1 Prima sabbati. Psalmus David.
Domini est terra, et plenitudo ejus;
orbis terrarum, et universi qui habitant in eo.
2 Quia ipse super maria fundavit eum,
et super flumina præparavit eum.
3 Quis ascendet in montem Domini?
aut quis stabit in loco sancto ejus?
4 Innocens manibus et mundo corde,
qui non accepit in vano animam suam,
nec juravit in dolo proximo suo:
5 hic accipiet benedictionem a Domino,
et misericordiam a Deo salutari suo.
6 Hæc est generatio quærentium eum,
quærentium faciem Dei Jacob.
7 Attollite portas, principes, vestras,
et elevamini, portæ æternales,
et introibit rex gloriæ.
8 Quis est iste rex gloriæ?
Dominus fortis et potens,
Dominus potens in prælio.
9 Attollite portas, principes, vestras,
et elevamini, portæ æternales,
et introibit rex gloriæ.
10 Quis est iste rex gloriæ?
Dominus virtutum ipse est rex gloriæ.

24

1 In finem. Psalmus David.
Ad te, Domine, levavi animam meam:
2 Deus meus, in te confido; non erubescam.

3 Neque irrideant me inimici mei:
etenim universi qui sustinent te, non confundentur.
4 Confundantur omnes iniqua agentes supervacue.
Vias tuas, Domine, demonstra mihi,
et semitas tuas edoce me.
5 Dirige me in veritate tua, et doce me,
quia tu es Deus salvator meus,
et te sustinui tota die.
6 Reminiscere miserationum tuarum, Domine,
et misericordiarum tuarum quæ a sæculo sunt.
7 Delicta juventutis meæ, et ignorantias meas, ne memineris.
Secundum misericordiam tuam memento mei tu,
propter bonitatem tuam, Domine.
8 Dulcis et rectus Dominus;
propter hoc legem dabit delinquentibus in via.
9 Diriget mansuetos in judicio;
docebit mites vias suas.
10 Universæ viæ Domini, misericordia et veritas,
requirentibus testamentum ejus et testimonia ejus.
11 Propter nomen tuum, Domine,
propitiaberis peccato meo; multum est enim.
12 Quis est homo qui timet Dominum?
legem statuit ei in via quam elegit.
13 Anima ejus in bonis demorabitur,
et semen ejus hæreditabit terram.
14 Firmamentum est Dominus timentibus eum;
et testamentum ipsius ut manifestetur illis.
15 Oculi mei semper ad Dominum,
quoniam ipse evellet de laqueo pedes meos.
16 Respice in me, et miserere mei,
quia unicus et pauper sum ego.
17 Tribulationes cordis mei multiplicatæ sunt:
de necessitatibus meis erue me.
18 Vide humilitatem meam et laborem meum,
et dimitte universa delicta mea.

19 Respice inimicos meos, quoniam multiplicati sunt,
et odio iniquo oderunt me.
20 Custodi animam meam, et erue me:
non erubescam, quoniam speravi in te.
21 Innocentes et recti adhæserunt mihi,
quia sustinui te.
22 Libera, Deus, Israël
ex omnibus tribulationibus suis.

25
 1 In finem. Psalmus David.
Judica me, Domine, quoniam ego in innocentia mea ingressus sum,
et in Domino sperans non infirmabor.
2 Proba me, Domine, et tenta me;
ure renes meos et cor meum.
3 Quoniam misericordia tua ante oculos meos est,
et complacui in veritate tua.
4 Non sedi cum concilio vanitatis,
et cum iniqua gerentibus non introibo.
5 Odivi ecclesiam malignantium,
et cum impiis non sedebo.
6 Lavabo inter innocentes manus meas,
et circumdabo altare tuum, Domine:
7 ut audiam vocem laudis,
et enarrem universa mirabilia tua.
8 Domine, dilexi decorem domus tuæ,
et locum habitationis gloriæ tuæ.
9 Ne perdas cum impiis, Deus, animam meam,
et cum viris sanguinum vitam meam:
10 in quorum manibus iniquitates sunt;
dextera eorum repleta est muneribus.
11 Ego autem in innocentia mea ingressus sum;
redime me, et miserere mei.
12 Pes meus stetit in directo;
in ecclesiis benedicam te, Domine.

26

1 Psalmus David, priusquam liniretur.
Dominus illuminatio mea et salus mea: quem timebo?
Dominus protector vitæ meæ:
a quo trepidabo?
2 Dum appropiant super me nocentes ut edant carnes meas,
qui tribulant me inimici mei,
ipsi infirmati sunt et ceciderunt.
3 Si consistant adversum me castra, non timebit cor meum;
si exsurgat adversum me prælium, in hoc ego sperabo.
4 Unam petii a Domino, hanc requiram,
ut inhabitem in domo Domini omnibus diebus vitæ meæ;
ut videam voluptatem Domini, et visitem templum ejus.
5 Quoniam abscondit me in tabernaculo suo;
in die malorum protexit me in abscondito tabernaculi sui.
6 In petra exaltavit me,
et nunc exaltavit caput meum super inimicos meos.
Circuivi, et immolavi in tabernaculo ejus hostiam
vociferationis;
cantabo, et psalmum dicam Domino.
7 Exaudi, Domine, vocem meam, qua clamavi ad te;
miserere mei, et exaudi me.
8 Tibi dixit cor meum : Exquisivit te facies mea;
faciem tuam, Domine, requiram.
9 Ne avertas faciem tuam a me;
ne declines in ira a servo tuo.
Adjutor meus esto; ne derelinquas me,
neque despicias me, Deus salutaris meus.
10 Quoniam pater meus et mater mea dereliquerunt me;
Dominus autem assumpsit me.
11 Legem pone mihi, Domine, in via tua,
et dirige me in semitam rectam, propter inimicos meos.
12 Ne tradideris me in animas tribulantium me,
quoniam insurrexerunt in me testes iniqui,
et mentita est iniquitas sibi.

13 Credo videre bona Domini in terra viventium.
14 Expecta Dominum, viriliter age:
et confortetur cor tuum, et sustine Dominum.

27
1 Psalmus ipsi David.
Ad te, Domine, clamabo; Deus meus, ne sileas a me:
nequando taceas a me, et assimilabor descendentibus in lacum.
2 Exaudi, Domine, vocem deprecationis meæ dum oro ad te;
dum extollo manus meas ad templum sanctum tuum.
3 Ne simul trahas me cum peccatoribus,
et cum operantibus iniquitatem ne perdas me;
qui loquuntur pacem cum proximo suo,
mala autem in cordibus eorum.
4 Da illis secundum opera eorum,
et secundum nequitiam adinventionum ipsorum.
Secundum opera manuum eorum tribue illis;
redde retributionem eorum ipsis.
5 Quoniam non intellexerunt opera Domini,
et in opera manuum ejus destrues illos,
et non ædificabis eos.
6 Benedictus Dominus,
quoniam exaudivit vocem deprecationis meæ.
7 Dominus adjutor meus et protector meus;
in ipso speravit cor meum, et adjutus sum:
et refloruit caro mea,
et ex voluntate mea confitebor ei.
8 Dominus fortitudo plebis suæ,
et protector salvationum christi sui est.
9 Salvum fac populum tuum, Domine, et benedic hæreditati tuæ;
et rege eos, et extolle illos usque in æternum.

28

1 Psalmus David, in consummatione tabernaculi.
Afferte Domino, filii Dei,
afferte Domino filios arietum.
2 Afferte Domino gloriam et honorem;
afferte Domino gloriam nomini ejus;
adorate Dominum in atrio sancto ejus.
3 Vox Domini super aquas;
Deus majestatis intonuit:
Dominus super aquas multas.
4 Vox Domini in virtute;
vox Domini in magnificentia.
5 Vox Domini confringentis cedros,
et confringet Dominus cedros Libani:
6 et comminuet eas, tamquam vitulum Libani,
et dilectus quemadmodum filius unicornium.
7 Vox Domini intercidentis flammam ignis;
8 vox Domini concutientis desertum:
et commovebit Dominus desertum Cades.
9 Vox Domini præparantis cervos:
et revelabit condensa,
et in templo ejus omnes dicent gloriam.
10 Dominus diluvium inhabitare facit,
et sedebit Dominus rex in æternum.
11 Dominus virtutem populo suo dabit;
Dominus benedicet populo suo in pace.

29

1 Psalmus cantici, in dedicatione domus David.
2 Exaltabo te, Domine, quoniam suscepisti me,
nec delectasti inimicos meos super me.
3 Domine Deus meus, clamavi ad te, et sanasti me.
4 Domine, eduxisti ab inferno animam meam;
salvasti me a descendentibus in lacum.
5 Psallite Domino, sancti ejus;

et confitemini memoriæ sanctitatis ejus.
6 Quoniam ira in indignatione ejus,
et vita in voluntate ejus:
ad vesperum demorabitur fletus,
et ad matutinum lætitia.
7 Ego autem dixi in abundantia mea:
Non movebor in æternum.
8 Domine, in voluntate tua præstitisti decori meo virtutem;
avertisti faciem tuam a me, et factus sum conturbatus.
9 Ad te, Domine, clamabo,
et ad Deum meum deprecabor.
10 Quæ utilitas in sanguine meo,
dum descendo in corruptionem?
numquid confitebitur tibi pulvis,
aut annuntiabit veritatem tuam?
11 Audivit Dominus, et misertus est mei;
Dominus factus est adjutor meus.
12 Convertisti planctum meum in gaudium mihi;
conscidisti saccum meum, et circumdedisti me lætitia:
13 ut cantet tibi gloria mea, et non compungar.
Domine Deus meus, in æternum confitebor tibi.

30
1 In finem. Psalmus David, pro extasi.
2 In te, Domine, speravi;
non confundar in æternum:
in justitia tua libera me.
3 Inclina ad me aurem tuam;
accelera ut eruas me.
Esto mihi in Deum protectorem,
et in domum refugii, ut salvum me facias :
4 quoniam fortitudo mea et refugium meum es tu;
et propter nomen tuum deduces me et enutries me.
5 Educes me de laqueo hoc quem absconderunt mihi,
quoniam tu es protector meus.

6 In manus tuas commendo spiritum meum;
redemisti me, Domine Deus veritatis.
7 Odisti observantes vanitates supervacue;
ego autem in Domino speravi.
8 Exsultabo, et lætabor in misericordia tua,
quoniam respexisti humilitatem meam;
salvasti de necessitatibus animam meam.
9 Nec conclusisti me in manibus inimici:
statuisti in loco spatioso pedes meos.
10 Miserere mei, Domine, quoniam tribulor;
conturbatus est in ira oculus meus, anima mea, et venter meus.
11 Quoniam defecit in dolore vita mea,
et anni mei in gemitibus.
Infirmata est in paupertate virtus mea,
et ossa mea conturbata sunt.
12 Super omnes inimicos meos factus sum opprobrium,
et vicinis meis valde, et timor notis meis;
qui videbant me foras fugerunt a me.
13 Oblivioni datus sum, tamquam mortuus a corde;
factus sum tamquam vas perditum:
14 quoniam audivi vituperationem multorum
commorantium in circuitu.
In eo dum convenirent simul adversum me,
accipere animam meam consiliati sunt.
15 Ego autem in te speravi, Domine;
dixi : Deus meus es tu;
16 in manibus tuis sortes meæ:
eripe me de manu inimicorum meorum, et a persequentibus me.
17 Illustra faciem tuam super servum tuum;
salvum me fac in misericordia tua.
18 Domine, non confundar, quoniam invocavi te.
Erubescant impii, et deducantur in infernum;
19 muta fiant labia dolosa,
quæ loquuntur adversus justum iniquitatem,

in superbia, et in abusione.
20 Quam magna multitudo dulcedinis tuæ, Domine,
quam abscondisti timentibus te;
perfecisti eis qui sperant in te in conspectu filiorum
hominum!
21 Abscondes eos in abscondito faciei tuæ a conturbatione
hominum;
proteges eos in tabernaculo tuo, a contradictione linguarum.
22 Benedictus Dominus,
quoniam mirificavit misericordiam suam mihi in civitate
munita.
23 Ego autem dixi in excessu mentis meæ:
Projectus sum a facie oculorum tuorum:
ideo exaudisti vocem orationis meæ, dum clamarem ad te.
24 Diligite Dominum, omnes sancti ejus,
quoniam veritatem requiret Dominus,
et retribuet abundanter facientibus superbiam.
25 Viriliter agite, et confortetur cor vestrum,
omnes qui speratis in Domino.

31
 1 Ipsi David intellectus.
Beati quorum remissæ sunt iniquitates,
et quorum tecta sunt peccata.
2 Beatus vir cui non imputavit Dominus peccatum,
nec est in spiritu ejus dolus.
3 Quoniam tacui, inveteraverunt ossa mea,
dum clamarem tota die.
4 Quoniam die ac nocte gravata est super me manus tua,
conversus sum in ærumna mea, dum configitur spina.
5 Delictum meum cognitum tibi feci,
et injustitiam meam non abscondi.
Dixi : Confitebor adversum me injustitiam meam Domino;
et tu remisisti impietatem peccati mei.
6 Pro hac orabit ad te omnis sanctus

in tempore opportuno.
Verumtamen in diluvio aquarum multarum,
ad eum non approximabunt.
7 Tu es refugium meum a tribulatione quæ circumdedit me ;
exsultatio mea, erue me a circumdantibus me.
8 Intellectum tibi dabo, et instruam te in via hac qua gradieris ;
firmabo super te oculos meos.
9 Nolite fieri sicut equus et mulus,
quibus non est intellectus.
In camo et freno maxillas eorum constringe,
qui non approximant ad te.
10 Multa flagella peccatoris;
sperantem autem in Domino misericordia circumdabit.
11 Lætamini in Domino, et exsultate, justi;
et gloriamini, omnes recti corde.

32
1 Psalmus David.
Exsultate, justi, in Domino;
rectos decet collaudatio.
2 Confitemini Domino in cithara;
in psalterio decem chordarum psallite illi.
3 Cantate ei canticum novum;
bene psallite ei in vociferatione.
4 Quia rectum est verbum Domini,
et omnia opera ejus in fide.
5 Diligit misericordiam et judicium;
misericordia Domini plena est terra.
6 Verbo Domini cæli firmati sunt,
et spiritu oris ejus omnis virtus eorum.
7 Congregans sicut in utre aquas maris;
ponens in thesauris abyssos.

8 Timeat Dominum omnis terra;
ab eo autem commoveantur omnes inhabitantes orbem.
9 Quoniam ipse dixit, et facta sunt;
ipse mandavit et creata sunt.
10 Dominus dissipat consilia gentium;
reprobat autem cogitationes populorum,
et reprobat consilia principum.
11 Consilium autem Domini in æternum manet;
cogitationes cordis ejus in generatione et generationem.
12 Beata gens cujus est Dominus Deus ejus;
populus quem elegit in hæreditatem sibi.
13 De cælo respexit Dominus;
vidit omnes filios hominum.
14 De præparato habitaculo suo
respexit super omnes qui habitant terram:
15 qui finxit sigillatim corda eorum;
qui intelligit omnia opera eorum.
16 Non salvatur rex per multam virtutem,
et gigas non salvabitur in multitudine virtutis suæ.
17 Fallax equus ad salutem;
in abundantia autem virtutis suæ non salvabitur.
18 Ecce oculi Domini super metuentes eum,
et in eis qui sperant super misericordia ejus:
19 ut eruat a morte animas eorum,
et alat eos in fame.
20 Anima nostra sustinet Dominum,
quoniam adjutor et protector noster est.
21 Quia in eo lætabitur cor nostrum,
et in nomine sancto ejus speravimus.
22 Fiat misericordia tua, Domine, super nos,
quemadmodum speravimus in te.

33
 1 Davidi, cum immutavit vultum suum coram Achimelech,
et dimisit eum, et abiit.

2 Benedicam Dominum in omni tempore;
semper laus ejus in ore meo.
3 In Domino laudabitur anima mea:
audiant mansueti, et lætentur.
4 Magnificate Dominum mecum,
et exaltemus nomen ejus in idipsum.
5 Exquisivi Dominum, et exaudivit me;
et ex omnibus tribulationibus meis eripuit me.
6 Accedite ad eum, et illuminamini;
et facies vestræ non confundentur.
7 Iste pauper clamavit, et Dominus exaudivit eum,
et de omnibus tribulationibus ejus salvavit eum.
8 Immittet angelus Domini in circuitu timentium eum,
et eripiet eos.
9 Gustate et videte quoniam suavis est Dominus;
beatus vir qui sperat in eo.
10 Timete Dominum, omnes sancti ejus,
quoniam non est inopia timentibus eum.
11 Divites eguerunt, et esurierunt;
inquirentes autem Dominum non minuentur omni bono.
12 Venite, filii ; audite me:
timorem Domini docebo vos.
13 Quis est homo qui vult vitam;
diligit dies videre bonos?
14 Prohibe linguam tuam a malo,
et labia tua ne loquantur dolum.
15 Diverte a malo, et fac bonum;
inquire pacem, et persequere eam.
16 Oculi Domini super justos,
et aures ejus in preces eorum.
17 Vultus autem Domini super facientes mala,
ut perdat de terra memoriam eorum.
18 Clamaverunt justi, et Dominus exaudivit eos;
et ex omnibus tribulationibus eorum liberavit eos.
19 Juxta est Dominus iis qui tribulato sunt corde,
et humiles spiritu salvabit.

20 Multæ tribulationes justorum;
et de omnibus his liberabit eos Dominus.
21 Custodit Dominus omnia ossa eorum:
unum ex his non conteretur.
22 Mors peccatorum pessima;
et qui oderunt justum delinquent.
23 Redimet Dominus animas servorum suorum,
et non delinquent omnes qui sperant in eo.

34
1 Ipsi David.
Judica, Domine, nocentes me;
expugna impugnantes me.
2 Apprehende arma et scutum,
et exsurge in adjutorium mihi.
3 Effunde frameam, et conclude adversus eos qui
persequuntur me;
dic animæ meæ: Salus tua ego sum.
4 Confundantur et revereantur quærentes animam meam;
avertantur retrorsum et confundantur cogitantes mihi mala.
5 Fiant tamquam pulvis ante faciem venti,
et angelus Domini coarctans eos.
6 Fiat via illorum tenebræ et lubricum,
et angelus Domini persequens eos.
7 Quoniam gratis absconderunt mihi interitum laquei sui;
supervacue exprobraverunt animam meam.
8 Veniat illi laqueus quem ignorat,
et captio quam abscondit apprehendat eum,
et in laqueum cadat in ipsum.
9 Anima autem mea exsultabit in Domino,
et delectabitur super salutari suo.
10 Omnia ossa mea dicent:
Domine, quis similis tibi?
eripiens inopem de manu fortiorum ejus;
egenum et pauperem a diripientibus eum.
11 Surgentes testes iniqui,

quæ ignorabam interrogabant me.
12 Retribuebant mihi mala pro bonis,
sterilitatem animæ meæ.
13 Ego autem, cum mihi molesti essent, induebar cilicio;
humiliabam in jejunio animam meam,
et oratio mea in sinu meo convertetur.
14 Quasi proximum et quasi fratrem nostrum sic complacebam;
quasi lugens et contristatus sic humiliabar.
15 Et adversum me lætati sunt, et convenerunt;
congregata sunt super me flagella, et ignoravi.
16 Dissipati sunt, nec compuncti;
tentaverunt me, subsannaverunt me subsannatione;
frenduerunt super me dentibus suis.
17 Domine, quando respicies?
Restitue animam meam a malignitate eorum;
a leonibus unicam meam.
18 Confitebor tibi in ecclesia magna; in populo gravi laudabo te.
19 Non supergaudeant mihi qui adversantur mihi inique,
qui oderunt me gratis, et annuunt oculis.
20 Quoniam mihi quidem pacifice loquebantur;
et in iracundia terræ loquentes, dolos cogitabant.
21 Et dilataverunt super me os suum;
dixerunt : Euge, euge ! viderunt oculi nostri.
22 Vidisti, Domine : ne sileas;
Domine, ne discedas a me.
23 Exsurge et intende judicio meo, Deus meus;
et Dominus meus, in causam meam.
24 Judica me secundum justitiam tuam, Domine Deus meus,
et non supergaudeant mihi.
25 Non dicant in cordibus suis: Euge, euge, animæ nostræ;
nec dicant: Devoravimus eum.
26 Erubescant et revereantur simul qui gratulantur malis meis;

induantur confusione et reverentia qui magna loquuntur super me.
27 Exsultent et lætentur qui volunt justitiam meam;
et dicant semper: Magnificetur Dominus, qui volunt pacem servi ejus.
28 Et lingua mea meditabitur justitiam tuam;
tota die laudem tuam.

35
1 In finem. Servo Domini ipsi David.
2 Dixit injustus ut delinquat in semetipso:
non est timor Dei ante oculos ejus.
3 Quoniam dolose egit in conspectu ejus,
ut inveniatur iniquitas ejus ad odium.
4 Verba oris ejus iniquitas, et dolus;
noluit intelligere ut bene ageret.
5 Iniquitatem meditatus est in cubili suo;
astitit omni viæ non bonæ:
malitiam autem non odivit.
6 Domine, in cælo misericordia tua,
et veritas tua usque ad nubes.
7 Justitia tua sicut montes Dei;
judicia tua abyssus multa.
Homines et jumenta salvabis, Domine,
8 quemadmodum multiplicasti misericordiam tuam, Deus.
Filii autem hominum in tegmine alarum tuarum sperabunt.
9 Inebriabuntur ab ubertate domus tuæ,
et torrente voluptatis tuæ potabis eos :
10 quoniam apud te est fons vitæ,
et in lumine tuo videbimus lumen.
11 Prætende misericordiam tuam scientibus te,
et justitiam tuam his qui recto sunt corde.
12 Non veniat mihi pes superbiæ,
et manus peccatoris non moveat me.
13 Ibi ceciderunt qui operantur iniquitatem;
expulsi sunt, nec potuerunt stare.

36

1 Psalmus ipsi David.
Noli æmulari in malignantibus,
neque zelaveris facientes iniquitatem:
2 quoniam tamquam fœnum velociter arescent,
et quemadmodum olera herbarum cito decident.
3 Spera in Domino, et fac bonitatem;
et inhabita terram, et pasceris in divitiis ejus.
4 Delectare in Domino,
et dabit tibi petitiones cordis tui.
5 Revela Domino viam tuam,
et spera in eo, et ipse faciet.
6 Et educet quasi lumen justitiam tuam,
et judicium tuum tamquam meridiem.
7 Subditus esto Domino, et ora eum.
Noli æmulari in eo qui prosperatur in via sua;
in homine faciente injustitias.
8 Desine ab ira, et derelinque furorem;
noli æmulari ut maligneris.
9 Quoniam qui malignantur exterminabuntur;
sustinentes autem Dominum, ipsi hæreditabunt terram.
10 Et adhuc pusillum, et non erit peccator;
et quæres locum ejus, et non invenies.
11 Mansueti autem hæreditabunt terram,
et delectabuntur in multitudine pacis.
12 Observabit peccator justum,
et stridebit super eum dentibus suis.
13 Dominus autem irridebit eum,
quoniam prospicit quod veniet dies ejus.
14 Gladium evaginaverunt peccatores;
intenderunt arcum suum:
ut dejiciant pauperem et inopem,
ut trucident rectos corde.
15 Gladius eorum intret in corda ipsorum,
et arcus eorum confringatur.

16 Melius est modicum justo,
super divitias peccatorum multas:
17 quoniam brachia peccatorum conterentur:
confirmat autem justos Dominus.
18 Novit Dominus dies immaculatorum,
et hæreditas eorum in æternum erit.
19 Non confundentur in tempore malo,
et in diebus famis saturabuntur:
20 quia peccatores peribunt.
Inimici vero Domini mox ut honorificati fuerint et exaltati,
deficientes quemadmodum fumus deficient.
21 Mutuabitur peccator, et non solvet;
justus autem miseretur et tribuet:
22 quia benedicentes ei hæreditabunt terram;
maledicentes autem ei disperibunt.
23 Apud Dominum gressus hominis dirigentur,
et viam ejus volet.
24 Cum ceciderit, non collidetur,
quia Dominus supponit manum suam.
25 Junior fui, etenim senui;
et non vidi justum derelictum,
nec semen ejus quærens panem.
26 Tota die miseretur et commodat;
et semen illius in benedictione erit.
27 Declina a malo, et fac bonum,
et inhabita in sæculum sæculi:
28 quia Dominus amat judicium,
et non derelinquet sanctos suos:
in æternum conservabuntur.
Injusti punientur,
et semen impiorum peribit.
29 Justi autem hæreditabunt terram,
et inhabitabunt in sæculum sæculi super eam.
30 Os justi meditabitur sapientiam,
et lingua ejus loquetur judicium.
31 Lex Dei ejus in corde ipsius,

et non supplantabuntur gressus ejus.
32 Considerat peccator justum,
et quærit mortificare eum.
33 Dominus autem non derelinquet eum in manibus ejus,
nec damnabit eum cum judicabitur illi.
34 Exspecta Dominum, et custodi viam ejus,
et exaltabit te ut hæreditate capias terram:
cum perierint peccatores, videbis.
35 Vidi impium superexaltatum,
et elevatum sicut cedros Libani :
36 et transivi, et ecce non erat;
et quæsivi eum, et non est inventus locus ejus.
37 Custodi innocentiam, et vide æquitatem,
quoniam sunt reliquiæ homini pacifico.
38 Injusti autem disperibunt simul;
reliquiæ impiorum interibunt.
39 Salus autem justorum a Domino;
et protector eorum in tempore tribulationis.
40 Et adjuvabit eos Dominus, et liberabit eos;
et eruet eos a peccatoribus, et salvabit eos,
quia speraverunt in eo.

37
 1 Psalmus David, in rememorationem de sabbato.
2 Domine, ne in furore tuo arguas me,
neque in ira tua corripias me:
3 quoniam sagittæ tuæ infixæ sunt mihi,
et confirmasti super me manum tuam.
4 Non est sanitas in carne mea, a facie iræ tuæ;
non est pax ossibus meis, a facie peccatorum meorum:
5 quoniam iniquitates meæ supergressæ sunt caput meum,
et sicut onus grave gravatæ sunt super me.
6 Putruerunt et corruptæ sunt cicatrices meæ,
a facie insipientiæ meæ.

7 Miser factus sum et curvatus sum usque in finem;
tota die contristatus ingrediebar.
8 Quoniam lumbi mei impleti sunt illusionibus,
et non est sanitas in carne mea.
9 Afflictus sum, et humiliatus sum nimis;
rugiebam a gemitu cordis mei.
10 Domine, ante te omne desiderium meum,
et gemitus meus a te non est absconditus.
11 Cor meum conturbatum est;
dereliquit me virtus mea, et lumen oculorum meorum,
et ipsum non est mecum.
12 Amici mei et proximi mei adversum me
appropinquaverunt, et steterunt;
et qui juxta me erant, de longe steterunt:
et vim faciebant qui quærebant animam meam.
13 Et qui inquirebant mala mihi, locuti sunt vanitates,
et dolos tota die meditabantur.
14 Ego autem, tamquam surdus, non audiebam;
et sicut mutus non aperiens os suum.
15 Et factus sum sicut homo non audiens,
et non habens in ore suo redargutiones.
16 Quoniam in te, Domine, speravi;
tu exaudies me, Domine Deus meus.
17 Quia dixi : Nequando supergaudeant mihi inimici mei;
et dum commoventur pedes mei, super me magna locuti sunt.
18 Quoniam ego in flagella paratus sum,
et dolor meus in conspectu meo semper.
19 Quoniam iniquitatem meam annuntiabo,
et cogitabo pro peccato meo.
20 Inimici autem mei vivunt, et confirmati sunt super me:
et multiplicati sunt qui oderunt me inique.
21 Qui retribuunt mala pro bonis detrahebant mihi,
quoniam sequebar bonitatem.
22 Ne derelinquas me, Domine Deus meus;
ne discesseris a me.

23 Intende in adjutorium meum,
Domine Deus salutis meæ.

38
1 In finem, ipsi Idithun. Canticum David.
2 Dixi: Custodiam vias meas:
ut non delinquam in lingua mea.
Posui ori meo custodiam,
cum consisteret peccator adversum me.
3 Obmutui, et humiliatus sum, et silui a bonis;
et dolor meus renovatus est.
4 Concaluit cor meum intra me;
et in meditatione mea exardescet ignis.
5 Locutus sum in lingua mea:
Notum fac mihi, Domine, finem meum,
et numerum dierum meorum quis est,
ut sciam quid desit mihi.
6 Ecce mensurabiles posuisti dies meos,
et substantia mea tamquam nihilum ante te.
Verumtamen universa vanitas, omnis homo vivens.
7 Verumtamen in imagine pertransit homo;
sed et frustra conturbatur:
thesaurizat, et ignorat cui congregabit ea.
8 Et nunc quæ est exspectatio mea: nonne Dominus?
et substantia mea apud te est.
9 Ab omnibus iniquitatibus meis erue me:
opprobrium insipienti dedisti me.
10 Obmutui, et non aperui os meum,
quoniam tu fecisti;
11 amove a me plagas tuas.
12 A fortitudine manus tuæ ego defeci in increpationibus:
propter iniquitatem corripuisti hominem.
Et tabescere fecisti sicut araneam animam ejus:
verumtamen vane conturbatur omnis homo.
13 Exaudi orationem meam, Domine, et deprecationem meam;

auribus percipe lacrimas meas.
Ne sileas, quoniam advena ego sum apud te,
et peregrinus sicut omnes patres mei.
14 Remitte mihi, ut refrigerer
priusquam abeam et amplius non ero.

39
1 In finem. Psalmus ipsi David.
2 Exspectans exspectavi Dominum,
et intendit mihi.
3 Et exaudivit preces meas,
et eduxit me de lacu miseriæ et de luto fæcis.
Et statuit super petram pedes meos,
et direxit gressus meos.
4 Et immisit in os meum canticum novum,
carmen Deo nostro.
Videbunt multi, et timebunt,
et sperabunt in Domino.
5 Beatus vir cujus est nomen Domini spes ejus,
et non respexit in vanitates et insanias falsas.
6 Multa fecisti tu, Domine Deus meus, mirabilia tua;
et cogitationibus tuis non est qui similis sit tibi.
Annuntiavi et locutus sum:
multiplicati sunt super numerum.
7 Sacrificium et oblationem noluisti;
aures autem perfecisti mihi.
Holocaustum et pro peccato non postulasti;
8 tunc dixi : Ecce venio.
In capite libri scriptum est de me,
9 ut facerem voluntatem tuam.
Deus meus, volui,
et legem tuam in medio cordis mei.
10 Annuntiavi justitiam tuam in ecclesia magna;
ecce labia mea non prohibebo: Domine, tu scisti.
11 Justitiam tuam non abscondi in corde meo;
veritatem tuam et salutare tuum dixi;

non abscondi misericordiam tuam et veritatem tuam a concilio multo.
12 Tu autem, Domine, ne longe facias miserationes tuas a me;
misericordia tua et veritas tua semper susceperunt me.
13 Quoniam circumdederunt me mala quorum non est numerus;
comprehenderunt me iniquitates meæ, et non potui ut viderem.
Multiplicatæ sunt super capillos capitis mei,
et cor meum dereliquit me.
14 Complaceat tibi, Domine, ut eruas me;
Domine, ad adjuvandum me respice.
15 Confundantur et revereantur simul,
qui quærunt animam meam ut auferant eam;
convertantur retrorsum et revereantur,
qui volunt mihi mala.
16 Ferant confestim confusionem suam,
qui dicunt mihi : Euge, euge!
17 Exsultent et lætentur super te omnes quærentes te;
et dicant semper: Magnificetur Dominus, qui diligunt salutare tuum.
18 Ego autem mendicus sum et pauper;
Dominus sollicitus est mei.
Adjutor meus et protector meus tu es;
Deus meus, ne tardaveris.

40
1 In finem. Psalmus ipsi David.
2 Beatus qui intelligit super egenum et pauperem:
in die mala liberabit eum Dominus.
3 Dominus conservet eum, et vivificet eum,
et beatum faciat eum in terra,
et non tradat eum in animam inimicorum ejus.
4 Dominus opem ferat illi super lectum doloris ejus;
universum stratum ejus versasti in infirmitate ejus.

5 Ego dixi : Domine, miserere mei;
sana animam meam, quia peccavi tibi.
6 Inimici mei dixerunt mala mihi:
Quando morietur, et peribit nomen ejus?
7 Et si ingrediebatur ut videret, vana loquebatur;
cor ejus congregavit iniquitatem sibi.
Egrediebatur foras et loquebatur.
8 In idipsum adversum me susurrabant omnes inimici mei;
adversum me cogitabant mala mihi.
9 Verbum iniquum constituerunt adversum me:
Numquid qui dormit non adjiciet ut resurgat?
10 Etenim homo pacis meæ in quo speravi,
qui edebat panes meos,
magnificavit super me supplantationem.
11 Tu autem, Domine, miserere mei,
et resuscita me ; et retribuam eis.
12 In hoc cognovi quoniam voluisti me,
quoniam non gaudebit inimicus meus super me.
13 Me autem propter innocentiam suscepisti;
et confirmasti me in conspectu tuo in æternum.
14 Benedictus Dominus Deus Israël
a sæculo et usque in sæculum. Fiat, fiat.

41
 1 In finem. Intellectus filiis Core.
2 Quemadmodum desiderat cervus ad fontes aquarum,
ita desiderat anima mea ad te, Deus.
3 Sitivit anima mea ad Deum fortem, vivum;
quando veniam, et apparebo ante faciem Dei?
4 Fuerunt mihi lacrimæ meæ panes die ac nocte,
dum dicitur mihi quotidie: Ubi est Deus tuus?
5 Hæc recordatus sum, et effudi in me animam meam,
quoniam transibo in locum tabernaculi admirabilis, usque ad domum Dei,
in voce exsultationis et confessionis, sonus epulantis.
6 Quare tristis es, anima mea?

et quare conturbas me?
Spera in Deo, quoniam adhuc confitebor illi,
salutare vultus mei,
7 et Deus meus.
Ad meipsum anima mea conturbata est:
propterea memor ero tui de terra Jordanis et Hermoniim a monte modico.
8 Abyssus abyssum invocat, in voce cataractarum tuarum;
omnia excelsa tua, et fluctus tui super me transierunt.
9 In die mandavit Dominus misericordiam suam,
et nocte canticum ejus;
apud me oratio Deo vitæ meæ.
10 Dicam Deo: Susceptor meus es;
quare oblitus es mei?
et quare contristatus incedo, dum affligit me inimicus?
11 Dum confringuntur ossa mea,
exprobraverunt mihi qui tribulant me inimici mei,
dum dicunt mihi per singulos dies: Ubi est Deus tuus?
12 Quare tristis es, anima mea?
et quare conturbas me?
Spera in Deo, quoniam adhuc confitebor illi,
salutare vultus mei, et Deus meus.

42

1 Psalmus David.
Judica me, Deus, et discerne causam meam de gente non sancta,
ab homine iniquo et doloso erue me.
2 Quia tu es, Deus, fortitudo mea, quare me repulisti?
Et quare tristis incedo, dum affligit me inimicus?
3 Emitte lucem tuam et veritatem tuam;
ipsa me deduxerunt, et adduxerunt
in montem sanctum tuum, et in tabernacula tua.
4 Et introibo ad altare Dei,
ad Deum qui lætificat juventutem meam.
Confitebor tibi in cithara, Deus, Deus meus.

5 Quare tristis es, anima mea?
Et quare conturbas me?
Spera in Deo, quoniam adhuc confitebor illi,
salutare vultus mei, et Deus meus.

43

1 In finem. Filiis Core ad intellectum.
2 Deus, auribus nostris audivimus,
patres nostri annuntiaverunt nobis,
opus quod operatus es in diebus eorum,
et in diebus antiquis.
3 Manus tua gentes disperdidit, et plantasti eos;
afflixisti populos, et expulisti eos.
4 Nec enim in gladio suo possederunt terram,
et brachium eorum non salvavit eos:
sed dextera tua et brachium tuum,
et illuminatio vultus tui, quoniam complacuisti in eis.
5 Tu es ipse rex meus et Deus meus,
qui mandas salutes Jacob.
6 In te inimicos nostros ventilabimus cornu,
et in nomine tuo spernemus insurgentes in nobis.
7 Non enim in arcu meo sperabo,
et gladius meus non salvabit me:
8 salvasti enim nos de affligentibus nos,
et odientes nos confudisti.
9 In Deo laudabimur tota die,
et in nomine tuo confitebimur in sæculum.
10 Nunc autem repulisti et confudisti nos,
et non egredieris, Deus, in virtutibus nostris.
11 Avertisti nos retrorsum post inimicos nostros,
et qui oderunt nos diripiebant sibi.
12 Dedisti nos tamquam oves escarum,
et in gentibus dispersisti nos.
13 Vendidisti populum tuum sine pretio,
et non fuit multitudo in commutationibus eorum.
14 Posuisti nos opprobrium vicinis nostris;

subsannationem et derisum his qui sunt in circuitu nostro.
15 Posuisti nos in similitudinem gentibus;
commotionem capitis in populis.
16 Tota die verecundia mea contra me est,
et confusio faciei meæ cooperuit me:
17 a voce exprobrantis et obloquentis,
a facie inimici et persequentis.
18 Hæc omnia venerunt super nos; nec obliti sumus te,
et inique non egimus in testamento tuo.
19 Et non recessit retro cor nostrum;
et declinasti semitas nostras a via tua:
20 quoniam humiliasti nos in loco afflictionis,
et cooperuit nos umbra mortis.
21 Si obliti sumus nomen Dei nostri,
et si expandimus manus nostras ad deum alienum,
22 nonne Deus requiret ista?
ipse enim novit abscondita cordis.
Quoniam propter te mortificamur tota die;
æstimati sumus sicut oves occisionis.
23 Exsurge ; quare obdormis, Domine?
exsurge, et ne repellas in finem.
24 Quare faciem tuam avertis?
obliviseris inopiæ nostræ et tribulationis nostræ?
25 Quoniam humiliata est in pulvere anima nostra;
conglutinatus est in terra venter noster.
26 Exsurge, Domine, adjuva nos,
et redime nos propter nomen tuum.

44

1 In finem, pro iis qui commutabuntur. Filiis Core, ad intellectum. Canticum pro dilecto.
2 Eructavit cor meum verbum bonum:
dico ego opera mea regi.
Lingua mea calamus scribæ
velociter scribentis.
3 Speciosus forma præ filiis hominum,

diffusa est gratia in labiis tuis:
propterea benedixit te Deus in æternum.
4 Accingere gladio tuo super femur tuum, potentissime.
5 Specie tua et pulchritudine tua
intende, prospere procede, et regna,
propter veritatem, et mansuetudinem, et justitiam;
et deducet te mirabiliter dextera tua.
6 Sagittæ tuæ acutæ:
populi sub te cadent,
in corda inimicorum regis.
7 Sedes tua, Deus, in sæculum sæculi;
virga directionis virga regni tui.
8 Dilexisti justitiam, et odisti iniquitatem;
propterea unxit te Deus, Deus tuus,
oleo lætitiæ, præ consortibus tuis.
9 Myrrha, et gutta, et casia a vestimentis tuis,
a domibus eburneis; ex quibus delectaverunt te
10 filiæ regum in honore tuo.
Astitit regina a dextris tuis
in vestitu deaurato, circumdata varietate.
11 Audi, filia, et vide, et inclina aurem tuam;
et obliviscere populum tuum, et domum patris tui.
12 Et concupiscet rex decorem tuum,
quoniam ipse est Dominus Deus tuus, et adorabunt eum.
13 Et filiæ Tyri in muneribus vultum tuum deprecabuntur;
omnes divites plebis.
14 Omnis gloria ejus filiæ regis ab intus,
in fimbriis aureis,
15 circumamicta varietatibus.
Adducentur regi virgines post eam;
proximæ ejus afferentur tibi.
16 Afferentur in lætitia et exsultatione;
adducentur in templum regis.
17 Pro patribus tuis nati sunt tibi filii;
constitues eos principes super omnem terram.
18 Memores erunt nominis tui in omni generatione et

generationem:
propterea populi confitebuntur tibi in æternum, et in sæculum sæculi.

45

1 In finem, filiis Core, pro arcanis. Psalmus.
2 Deus noster refugium et virtus;
adjutor in tribulationibus quæ invenerunt nos nimis.
3 Propterea non timebimus dum turbabitur terra,
et transferentur montes in cor maris.
4 Sonuerunt, et turbatæ sunt aquæ eorum;
conturbati sunt montes in fortitudine ejus.
5 Fluminis impetus lætificat civitatem Dei:
sanctificavit tabernaculum suum Altissimus.
6 Deus in medio ejus, non commovebitur;
adjuvabit eam Deus mane diluculo.
7 Conturbatæ sunt gentes, et inclinata sunt regna:
dedit vocem suam, mota est terra.
8 Dominus virtutum nobiscum;
susceptor noster Deus Jacob.
9 Venite, et videte opera Domini,
quæ posuit prodigia super terram,
10 auferens bella usque ad finem terræ.
Arcum conteret, et confringet arma,
et scuta comburet igni.
11 Vacate, et videte quoniam ego sum Deus;
exaltabor in gentibus, et exaltabor in terra.
12 Dominus virtutum nobiscum;
susceptor noster Deus Jacob.

46

1 In finem, pro filiis Core. Psalmus.
2 Omnes gentes, plaudite manibus;
jubilate Deo in voce exsultationis:
3 quoniam Dominus excelsus, terribilis,
rex magnus super omnem terram.

4 Subjecit populos nobis,
et gentes sub pedibus nostris.
5 Elegit nobis hæreditatem suam;
speciem Jacob quam dilexit.
6 Ascendit Deus in jubilo,
et Dominus in voce tubæ.
7 Psallite Deo nostro, psallite;
psallite regi nostro, psallite:
8 quoniam rex omnis terræ Deus,
psallite sapienter.
9 Regnabit Deus super gentes;
Deus sedet super sedem sanctam suam.
10 Principes populorum congregati sunt cum Deo Abraham,
quoniam dii fortes terræ vehementer elevati sunt.

47

1 Psalmus cantici. Filiis Core, secunda sabbati.
2 Magnus Dominus et laudabilis nimis,
in civitate Dei nostri, in monte sancto ejus.
3 Fundatur exsultatione universæ terræ mons Sion;
latera aquilonis, civitas regis magni.
4 Deus in domibus ejus cognoscetur
cum suscipiet eam.
5 Quoniam ecce reges terræ congregati sunt;
convenerunt in unum.
6 Ipsi videntes, sic admirati sunt,
conturbati sunt, commoti sunt.
7 Tremor apprehendit eos;
ibi dolores ut parturientis:
8 in spiritu vehementi conteres naves Tharsis.
9 Sicut audivimus, sic vidimus,
in civitate Domini virtutum, in civitate Dei nostri:
Deus fundavit eam in æternum.
10 Suscepimus, Deus, misericordiam tuam
in medio templi tui.

11 Secundum nomen tuum, Deus,
sic et laus tua in fines terræ;
justitia plena est dextera tua.
12 Lætetur mons Sion,
et exsultent filiæ Judæ,
propter judicia tua, Domine.
13 Circumdate Sion, et complectimini eam;
narrate in turribus ejus.
14 Ponite corda vestra in virtute ejus,
et distribuite domos ejus, ut enarretis in progenie altera.
15 Quoniam hic est Deus,
Deus noster in æternum, et in sæculum sæculi :
ipse reget nos in sæcula.

48
1 In finem, filiis Core. Psalmus.
2 Audite hæc, omnes gentes;
auribus percipite, omnes qui habitatis orbem:
3 quique terrigenæ et filii hominum,
simul in unum dives et pauper.
4 Os meum loquetur sapientiam,
et meditatio cordis mei prudentiam.
5 Inclinabo in parabolam aurem meam;
aperiam in psalterio propositionem meam.
6 Cur timebo in die mala?
iniquitas calcanei mei circumdabit me.
7 Qui confidunt in virtute sua,
et in multitudine divitiarum suarum, gloriantur.
8 Frater non redimit, redimet homo:
non dabit Deo placationem suam,
9 et pretium redemptionis animæ suæ.
Et laborabit in æternum;
10 et vivet adhuc in finem.
11 Non videbit interitum,
cum viderit sapientes morientes:
simul insipiens et stultus peribunt.

Et relinquent alienis divitias suas,
12 et sepulchra eorum domus illorum in æternum;
tabernacula eorum in progenie et progenie:
vocaverunt nomina sua in terris suis.
13 Et homo, cum in honore esset, non intellexit.
Comparatus est jumentis insipientibus,
et similis factus est illis.
14 Hæc via illorum scandalum ipsis;
et postea in ore suo complacebunt.
15 Sicut oves in inferno positi sunt:
mors depascet eos.
Et dominabuntur eorum justi in matutino;
et auxilium eorum veterascet in inferno a gloria eorum.
16 Verumtamen Deus redimet animam meam de manu inferi,
cum acceperit me.
17 Ne timueris cum dives factus fuerit homo,
et cum multiplicata fuerit gloria domus ejus:
18 quoniam, cum interierit, non sumet omnia,
neque descendet cum eo gloria ejus.
19 Quia anima ejus in vita ipsius benedicetur;
confitebitur tibi cum benefeceris ei.
20 Introibit usque in progenies patrum suorum;
et usque in æternum non videbit lumen.
21 Homo, cum in honore esset, non intellexit.
Comparatus est jumentis insipientibus,
et similis factus est illis.

49
1 Psalmus Asaph.
Deus deorum Dominus locutus est,
et vocavit terram a solis ortu usque ad occasum.
2 Ex Sion species decoris ejus:

3 Deus manifeste veniet;
Deus noster, et non silebit.
Ignis in conspectu ejus exardescet;
et in circuitu ejus tempestas valida.
4 Advocabit cælum desursum, et terram,
discernere populum suum.
5 Congregate illi sanctos ejus,
qui ordinant testamentum ejus super sacrificia.
6 Et annuntiabunt cæli justitiam ejus,
quoniam Deus judex est.
7 Audi, populus meus, et loquar;
Israël, et testificabor tibi:
Deus, Deus tuus ego sum.
8 Non in sacrificiis tuis arguam te;
holocausta autem tua in conspectu meo sunt semper.
9 Non accipiam de domo tua vitulos,
neque de gregibus tuis hircos:
10 quoniam meæ sunt omnes feræ silvarum,
jumenta in montibus, et boves.
11 Cognovi omnia volatilia cæli,
et pulchritudo agri mecum est.
12 Si esuriero, non dicam tibi:
meus est enim orbis terræ et plenitudo ejus.
13 Numquid manducabo carnes taurorum?
aut sanguinem hircorum potabo?
14 Immola Deo sacrificium laudis,
et redde Altissimo vota tua.
15 Et invoca me in die tribulationis:
eruam te, et honorificabis me.
16 Peccatori autem dixit Deus: Quare tu enarras justitias meas?
et assumis testamentum meum per os tuum?
17 Tu vero odisti disciplinam,
et projecisti sermones meos retrorsum.
18 Si videbas furem, currebas cum eo;
et cum adulteris portionem tuam ponebas.

19 Os tuum abundavit malitia,
et lingua tua concinnabat dolos.
20 Sedens adversus fratrem tuum loquebaris,
et adversus filium matris tuæ ponebas scandalum.
21 Hæc fecisti, et tacui.
Existimasti inique quod ero tui similis :
arguam te, et statuam contra faciem tuam.
22 Intelligite hæc, qui obliviscimini Deum,
nequando rapiat, et non sit qui eripiat.
23 Sacrificium laudis honorificabit me,
et illic iter quo ostendam illi salutare Dei.

50
1 In finem. Psalmus David,
2 cum venit ad eum Nathan propheta, quando intravit ad Bethsabee.
3 Miserere mei, Deus, secundum magnam misericordiam tuam;
et secundum multitudinem miserationum tuarum, dele iniquitatem meam.
4 Amplius lava me ab iniquitate mea,
et a peccato meo munda me.
5 Quoniam iniquitatem meam ego cognosco,
et peccatum meum contra me est semper.
6 Tibi soli peccavi, et malum coram te feci;
ut justificeris in sermonibus tuis,
et vincas cum judicaris.
7 Ecce enim in iniquitatibus conceptus sum,
et in peccatis concepit me mater mea.
8 Ecce enim veritatem dilexisti;
incerta et occulta sapientiæ tuæ manifestasti mihi.
9 Asperges me hyssopo, et mundabor;
lavabis me, et super nivem dealbabor.
10 Auditui meo dabis gaudium et lætitiam,
et exsultabunt ossa humiliata.
11 Averte faciem tuam a peccatis meis,

et omnes iniquitates meas dele.
12 Cor mundum crea in me, Deus,
et spiritum rectum innova in visceribus meis.
13 Ne projicias me a facie tua,
et spiritum sanctum tuum ne auferas a me.
14 Redde mihi lætitiam salutaris tui,
et spiritu principali confirma me.
15 Docebo iniquos vias tuas,
et impii ad te convertentur.
16 Libera me de sanguinibus, Deus, Deus salutis meæ,
et exsultabit lingua mea justitiam tuam.
17 Domine, labia mea aperies,
et os meum annuntiabit laudem tuam.
18 Quoniam si voluisses sacrificium, dedissem utique ;
holocaustis non delectaberis.
19 Sacrificium Deo spiritus contribulatus ;
cor contritum et humiliatum, Deus, non despicies.
20 Benigne fac, Domine, in bona voluntate tua Sion,
ut ædificentur muri Jerusalem.
21 Tunc acceptabis sacrificium justitiæ, oblationes et holocausta ;
tunc imponent super altare tuum vitulos.

51
 1 In finem. Intellectus David,
2 cum venit Doëg Idumæus, et nuntiavit Sauli: Venit David in domum Achimelech.
3 Quid gloriaris in malitia,
qui potens es in iniquitate?
4 Tota die injustitiam cogitavit lingua tua;
sicut novacula acuta fecisti dolum.
5 Dilexisti malitiam super benignitatem;
iniquitatem magis quam loqui æquitatem.
6 Dilexisti omnia verba præcipitationis;
lingua dolosa.
7 Propterea Deus destruet te in finem;

evellet te, et emigrabit te de tabernaculo tuo,
et radicem tuam de terra viventium.
8 Videbunt justi, et timebunt;
et super eum ridebunt, et dicent:
9 Ecce homo qui non posuit Deum adjutorem suum;
sed speravit in multitudine divitiarum suarum,
et prævaluit in vanitate sua.
10 Ego autem, sicut oliva fructifera in domo Dei;
speravi in misericordia Dei, in æternum et in sæculum sæculi.
11 Confitebor tibi in sæculum, quia fecisti;
et exspectabo nomen tuum,
quoniam bonum est in conspectu sanctorum tuorum.

52
1 In finem, pro Maëleth intelligentiæ David.
Dixit insipiens in corde suo : Non est Deus.
2 Corrupti sunt, et abominabiles facti sunt in iniquitatibus;
non est qui faciat bonum.
3 Deus de cælo prospexit super filios hominum,
ut videat si est intelligens, aut requirens Deum.
4 Omnes declinaverunt; simul inutiles facti sunt:
non est qui faciat bonum, non est usque ad unum.
5 Nonne scient omnes qui operantur iniquitatem,
qui devorant plebem meam ut cibum panis?
6 Deum non invocaverunt;
illic trepidaverunt timore, ubi non erat timor.
Quoniam Deus dissipavit ossa eorum qui hominibus placent:
confusi sunt, quoniam Deus sprevit eos.
7 Quis dabit ex Sion salutare Israël?
cum converterit Deus captivitatem plebis suæ,
exsultabit Jacob, et lætabitur Israël.

53

1 In finem, in carminibus. Intellectus David,
2 cum venissent Ziphæi, et dixissent ad Saul: Nonne David absconditus est apud nos?
3 Deus, in nomine tuo salvum me fac,
et in virtute tua judica me.
4 Deus, exaudi orationem meam;
auribus percipe verba oris mei.
5 Quoniam alieni insurrexerunt adversum me,
et fortes quæsierunt animam meam,
et non proposuerunt Deum ante conspectum suum.
6 Ecce enim Deus adjuvat me,
et Dominus susceptor est animæ meæ.
7 Averte mala inimicis meis;
et in veritate tua disperde illos.
8 Voluntarie sacrificabo tibi,
et confitebor nomini tuo, Domine, quoniam bonum est.
9 Quoniam ex omni tribulatione eripuisti me,
et super inimicos meos despexit oculus meus.

54
1 In finem, in carminibus. Intellectus David.
2 Exaudi, Deus, orationem meam,
et ne despexeris deprecationem meam:
3 intende mihi, et exaudi me.
Contristatus sum in exercitatione mea,
et conturbatus sum
4 a voce inimici, et a tribulatione peccatoris.
Quoniam declinaverunt in me iniquitates,
et in ira molesti erant mihi.
5 Cor meum conturbatum est in me,
et formido mortis cecidit super me.
6 Timor et tremor venerunt super me,
et contexerunt me tenebræ.
7 Et dixi: Quis dabit mihi pennas sicut columbæ,
et volabo, et requiescam?
8 Ecce elongavi fugiens,

et mansi in solitudine.
9 Exspectabam eum qui salvum me fecit
a pusillanimitate spiritus, et tempestate.
10 Præcipita, Domine; divide linguas eorum:
quoniam vidi iniquitatem et contradictionem in civitate.
11 Die ac nocte circumdabit eam super muros ejus
iniquitas;
et labor in medio ejus,
12 et injustitia:
et non defecit de plateis ejus usura et dolus.
13 Quoniam si inimicus meus maledixisset mihi,
sustinuissem utique.
Et si is qui oderat me super me magna locutus fuisset,
abscondissem me forsitan ab eo.
14 Tu vero homo unanimis,
dux meus, et notus meus:
15 qui simul mecum dulces capiebas cibos;
in domo Dei ambulavimus cum consensu.
16 Veniat mors super illos,
et descendant in infernum viventes:
quoniam nequitiæ in habitaculis eorum, in medio eorum.
17 Ego autem ad Deum clamavi,
et Dominus salvabit me.
18 Vespere, et mane, et meridie, narrabo, et annuntiabo;
et exaudiet vocem meam.
19 Redimet in pace animam meam ab his qui
appropinquant mihi:
quoniam inter multos erant mecum.
20 Exaudiet Deus, et humiliabit illos,
qui est ante sæcula.
Non enim est illis commutatio,
et non timuerunt Deum.
21 Extendit manum suam in retribuendo;
contaminaverunt testamentum ejus:
22 divisi sunt ab ira vultus ejus,
et appropinquavit cor illius.

Molliti sunt sermones ejus super oleum;
et ipsi sunt jacula.
23 Jacta super Dominum curam tuam, et ipse te enutriet;
non dabit in æternum fluctuationem justo.
24 Tu vero, Deus, deduces eos in puteum interitus.
Viri sanguinum et dolosi non dimidiabunt dies suos;
ego autem sperabo in te, Domine.

55
 1 In finem, pro populo qui a sanctis longe factus est. David in tituli inscriptionem, cum tenuerunt eum Allophyli in Geth.
2 Miserere mei, Deus, quoniam conculcavit me homo;
tota die impugnans, tribulavit me.
3 Conculcaverunt me inimici mei tota die,
quoniam multi bellantes adversum me.
4 Ab altitudine diei timebo:
ego vero in te sperabo.
5 In Deo laudabo sermones meos;
in Deo speravi:
non timebo quid faciat mihi caro.
6 Tota die verba mea execrabantur;
adversum me omnes cogitationes eorum in malum.
7 Inhabitabunt, et abscondent;
ipsi calcaneum meum observabunt.
Sicut sustinuerunt animam meam,
8 pro nihilo salvos facies illos;
in ira populos confringes.
9 Deus, vitam meam annuntiavi tibi;
posuisti lacrimas meas in conspectu tuo,
sicut et in promissione tua:
10 tunc convertentur inimici mei retrorsum.
In quacumque die invocavero te,
ecce cognovi quoniam Deus meus es.
11 In Deo laudabo verbum;
in Domino laudabo sermonem.

In Deo speravi:
non timebo quid faciat mihi homo.
12 In me sunt, Deus, vota tua,
quæ reddam, laudationes tibi:
13 quoniam eripuisti animam meam de morte,
et pedes meos de lapsu,
ut placeam coram Deo in lumine viventium.

56

1 In finem, ne disperdas. David in tituli inscriptionem, cum fugeret a facie Saul in speluncam.
2 Miserere mei, Deus, miserere mei,
quoniam in te confidit anima mea.
Et in umbra alarum tuarum sperabo,
donec transeat iniquitas.
3 Clamabo ad Deum altissimum,
Deum qui benefecit mihi.
4 Misit de cælo, et liberavit me;
dedit in opprobrium conculcantes me.
Misit Deus misericordiam suam et veritatem suam,
5 et eripuit animam meam de medio catulorum leonum.
Dormivi conturbatus.
Filii hominum dentes eorum arma et sagittæ,
et lingua eorum gladius acutus.
6 Exaltare super cælos, Deus,
et in omnem terram gloria tua.
7 Laqueum paraverunt pedibus meis,
et incurvaverunt animam meam.
Foderunt ante faciem meam foveam,
et inciderunt in eam. 8 Paratum cor meum, Deus, paratum cor meum;
cantabo, et psalmum dicam.
9 Exsurge, gloria mea;
exsurge, psalterium et cithara:
exsurgam diluculo.
10 Confitebor tibi in populis, Domine,

et psalmum dicam tibi in gentibus:
11 quoniam magnificata est usque ad cælos misericordia tua,
et usque ad nubes veritas tua.
12 Exaltare super cælos, Deus,
et super omnem terram gloria tua.

57
 1 In finem, ne disperdas. David in tituli inscriptionem.
2 Si vere utique justitiam loquimini,
recta judicate, filii hominum.
3 Etenim in corde iniquitates operamini;
in terra injustitias manus vestræ concinnant.
4 Alienati sunt peccatores a vulva;
erraverunt ab utero:
locuti sunt falsa.
5 Furor illis secundum similitudinem serpentis,
sicut aspidis surdæ et obturantis aures suas,
6 quæ non exaudiet vocem incantantium,
et venefici incantantis sapienter.
7 Deus conteret dentes eorum in ore ipsorum;
molas leonum confringet Dominus.
8 Ad nihilum devenient tamquam aqua decurrens;
intendit arcum suum donec infirmentur.
9 Sicut cera quæ fluit auferentur;
supercecidit ignis, et non viderunt solem.
10 Priusquam intelligerent spinæ vestræ rhamnum,
sicut viventes sic in ira absorbet eos.
11 Lætabitur justus cum viderit vindictam;
manus suas lavabit in sanguine peccatoris.
12 Et dicet homo : Si utique est fructus justo,
utique est Deus judicans eos in terra.

58

1 In finem, ne disperdas. David in tituli inscriptionem,
quando misit Saul et custodivit domum ejus ut eum
interficeret.
2 Eripe me de inimicis meis, Deus meus,
et ab insurgentibus in me libera me.
3 Eripe me de operantibus iniquitatem,
et de viris sanguinum salva me.
4 Quia ecce ceperunt animam meam;
irruerunt in me fortes.
5 Neque iniquitas mea, neque peccatum meum, Domine;
sine iniquitate cucurri, et direxi.
6 Exsurge in occursum meum, et vide:
et tu, Domine Deus virtutum, Deus Israël,
intende ad visitandas omnes gentes:
non miserearis omnibus qui operantur iniquitatem.
7 Convertentur ad vesperam, et famem patientur ut canes:
et circuibunt civitatem.
8 Ecce loquentur in ore suo,
et gladius in labiis eorum: quoniam quis audivit?
9 Et tu, Domine, deridebis eos;
ad nihilum deduces omnes gentes.
10 Fortitudinem meam ad te custodiam,
quia, Deus, susceptor meus es:
11 Deus meus misericordia ejus præveniet me.
12 Deus ostendet mihi super inimicos meos:
ne occidas eos, nequando obliviscantur populi mei.
Disperge illos in virtute tua,
et depone eos, protector meus, Domine:
13 delictum oris eorum, sermonem labiorum ipsorum;
et comprehendantur in superbia sua.
Et de execratione et mendacio annuntiabuntur,
 14 in consummatione,
in ira consummationis, et non erunt.
Et scient quia Deus dominabitur Jacob, et finium terræ.

15 Convertentur ad vesperam, et famem patientur ut canes:
et circuibunt civitatem.
16 Ipsi dispergentur ad manducandum;
si vero non fuerint saturati, et murmurabunt.
17 Ego autem cantabo fortitudinem tuam,
et exsultabo mane misericordiam tuam:
quia factus es susceptor meus,
et refugium meum in die tribulationis meæ.
18 Adjutor meus, tibi psallam,
quia Deus susceptor meus es;
Deus meus, misericordia mea.

59

1 In finem, pro his qui immutabuntur, in tituli
inscriptionem ipsi David, in doctrinam,
2 cum succendit Mesopotamiam Syriæ et Sobal, et
convertit Joab, et percussit Idumæam in valle Salinarum
duodecim millia.
3 Deus, repulisti nos, et destruxisti nos;
iratus es, et misertus es nobis.
4 Commovisti terram, et conturbasti eam;
sana contritiones ejus, quia commota est.
5 Ostendisti populo tuo dura;
potasti nos vino compunctionis.
6 Dedisti metuentibus te significationem,
ut fugiant a facie arcus;
ut liberentur dilecti tui.
7 Salvum fac dextera tua, et exaudi me.
8 Deus locutus est in sancto suo:
lætabor, et partibor Sichimam;
et convallem tabernaculorum metibor.
9 Meus est Galaad, et meus est Manasses;
et Ephraim fortitudo capitis mei.
Juda rex meus;
10 Moab olla spei meæ.

In Idumæam extendam calceamentum meum:
mihi alienigenæ subditi sunt.
11 Quis deducet me in civitatem munitam?
quis deducet me usque in Idumæam?
12 nonne tu, Deus, qui repulisti nos?
et non egredieris, Deus, in virtutibus nostris?
13 Da nobis auxilium de tribulatione,
quia vana salus hominis.
14 In Deo faciemus virtutem;
et ipse ad nihilum deducet tribulantes nos.

60
1 In finem. In hymnis David.
2 Exaudi, Deus, deprecationem meam;
intende orationi meæ.
3 A finibus terræ ad te clamavi, dum anxiaretur cor meum;
in petra exaltasti me.
Deduxisti me,
4 quia factus es spes mea:
turris fortitudinis a facie inimici.
5 Inhabitabo in tabernaculo tuo in sæcula;
protegar in velamento alarum tuarum.
6 Quoniam tu, Deus meus, exaudisti orationem meam;
dedisti hæreditatem timentibus nomen tuum.
7 Dies super dies regis adjicies;
annos ejus usque in diem generationis et generationis.
8 Permanet in æternum in conspectu Dei:
misericordiam et veritatem ejus quis requiret?
9 Sic psalmum dicam nomini tuo in sæculum sæculi,
ut reddam vota mea de die in diem.

61
1 In finem, pro Idithun. Psalmus David.
2 Nonne Deo subjecta erit anima mea?
ab ipso enim salutare meum.

3 Nam et ipse Deus meus et salutaris meus;
susceptor meus, non movebor amplius.
4 Quousque irruitis in hominem?
interficitis universi vos,
tamquam parieti inclinato et maceriæ depulsæ.
5 Verumtamen pretium meum cogitaverunt repellere;
cucurri in siti:
ore suo benedicebant,
et corde suo maledicebant.
6 Verumtamen Deo subjecta esto, anima mea,
quoniam ab ipso patientia mea:
7 quia ipse Deus meus et salvator meus,
adjutor meus, non emigrabo.
8 In Deo salutare meum et gloria mea;
Deus auxilii mei, et spes mea in Deo est.
9 Sperate in eo, omnis congregatio populi;
effundite coram illo corda vestra:
Deus adjutor noster in æternum.
10 Verumtamen vani filii hominum,
mendaces filii hominum in stateris,
ut decipiant ipsi de vanitate in idipsum.
11 Nolite sperare in iniquitate,
et rapinas nolite concupiscere;
divitiæ si affluant, nolite cor apponere.
12 Semel locutus est Deus;
duo hæc audivi:
quia potestas Dei est,
13 et tibi, Domine, misericordia:
quia tu reddes unicuique juxta opera sua.

62
1 Psalmus David, cum esset in deserto Idumææ.
2 Deus, Deus meus, ad te de luce vigilo.
Sitivit in te anima mea; quam multipliciter tibi caro mea!
3 In terra deserta, et invia, et inaquosa,
sic in sancto apparui tibi,

ut viderem virtutem tuam et gloriam tuam.
4 Quoniam melior est misericordia tua super vitas,
labia mea laudabunt te.
5 Sic benedicam te in vita mea,
et in nomine tuo levabo manus meas.
6 Sicut adipe et pinguedine repleatur anima mea,
et labiis exsultationis laudabit os meum.
7 Si memor fui tui super stratum meum,
in matutinis meditabor in te.
8 Quia fuisti adjutor meus,
et in velamento alarum tuarum exsultabo.
9 Adhæsit anima mea post te;
me suscepit dextera tua.
10 Ipsi vero in vanum quæsierunt animam meam:
introibunt in inferiora terræ;
11 tradentur in manus gladii:
partes vulpium erunt.
12 Rex vero lætabitur in Deo;
laudabuntur omnes qui jurant in eo:
quia obstructum est os loquentium iniqua.

63

1 In finem. Psalmus David.
2 Exaudi, Deus, orationem meam cum deprecor;
a timore inimici eripe animam meam.
3 Protexisti me a conventu malignantium,
a multitudine operantium iniquitatem.
4 Quia exacuerunt ut gladium linguas suas;
intenderunt arcum rem amaram,
5 ut sagittent in occultis immaculatum.
6 Subito sagittabunt eum, et non timebunt;
firmaverunt sibi sermonem nequam.
Narraverunt ut absconderent laqueos;
dixerunt : Quis videbit eos?
7 Scrutati sunt iniquitates;
defecerunt scrutantes scrutinio.

Accedet homo ad cor altum,
8 et exaltabitur Deus.
Sagittæ parvulorum factæ sunt plagæ eorum,
9 et infirmatæ sunt contra eos linguæ eorum.
Conturbati sunt omnes qui videbant eos,
10 et timuit omnis homo.
Et annuntiaverunt opera Dei,
et facta ejus intellexerunt.
11 Lætabitur justus in Domino, et sperabit in eo,
et laudabuntur omnes recti corde.

64
 1 In finem. Psalmus David, canticum Jeremiæ et
Ezechielis populo transmigrationis, cum inciperent exire.
2 Te decet hymnus, Deus, in Sion,
et tibi reddetur votum in Jerusalem.
3 Exaudi orationem meam;
ad te omnis caro veniet.
4 Verba iniquorum prævaluerunt super nos,
et impietatibus nostris tu propitiaberis.
5 Beatus quem elegisti et assumpsisti:
inhabitabit in atriis tuis.
Replebimur in bonis domus tuæ;
sanctum est templum tuum,
6 mirabile in æquitate.
Exaudi nos, Deus, salutaris noster,
spes omnium finium terræ, et in mari longe.
7 Præparans montes in virtute tua,
accinctus potentia;
8 qui conturbas profundum maris,
sonum fluctuum ejus.
Turbabuntur gentes,
9 et timebunt qui habitant terminos a signis tuis;
exitus matutini et vespere delectabis.
10 Visitasti terram, et inebriasti eam;

multiplicasti locupletare eam.
Flumen Dei repletum est aquis; parasti cibum illorum:
quoniam ita est præparatio ejus.
11 Rivos ejus inebria;
multiplica genimina ejus:
in stillicidiis ejus lætabitur germinans.
12 Benedices coronæ anni benignitatis tuæ,
et campi tui replebuntur ubertate.
13 Pinguescent speciosa deserti,
et exsultatione colles accingentur.
14 Induti sunt arietes ovium,
et valles abundabunt frumento;
clamabunt, etenim hymnum dicent.

65

1 In finem. Canticum psalmi resurrectionis.
Jubilate Deo, omnis terra;
2 psalmum dicite nomini ejus;
date gloriam laudi ejus.
3 Dicite Deo: Quam terribilia sunt opera tua, Domine!
in multitudine virtutis tuæ mentientur tibi inimici tui.
4 Omnis terra adoret te, et psallat tibi;
psalmum dicat nomini tuo.
5 Venite, et videte opera Dei:
terribilis in consiliis super filios hominum.
6 Qui convertit mare in aridam;
in flumine pertransibunt pede:
ibi lætabimur in ipso.
7 Qui dominatur in virtute sua in æternum;
oculi ejus super gentes respiciunt:
qui exasperant non exaltentur in semetipsis.
8 Benedicite, gentes, Deum nostrum,
et auditam facite vocem laudis ejus :
9 qui posuit animam meam ad vitam,
et non dedit in commotionem pedes meos.
10 Quoniam probasti nos, Deus;

igne nos examinasti, sicut examinatur argentum.
11 Induxisti nos in laqueum;
posuisti tribulationes in dorso nostro;
12 imposuisti homines super capita nostra.
Transivimus per ignem et aquam,
et eduxisti nos in refrigerium.
13 Introibo in domum tuam in holocaustis;
reddam tibi vota mea 14 quæ distinxerunt labia mea;
et locutum est os meum in tribulatione mea.
15 Holocausta medullata offeram tibi, cum incenso arietum;
offeram tibi boves cum hircis.
16 Venite, audite, et narrabo, omnes qui timetis Deum,
quanta fecit animæ meæ.
17 Ad ipsum ore meo clamavi,
et exaltavi sub lingua mea.
18 Iniquitatem si aspexi in corde meo,
non exaudiet Dominus.
19 Propterea exaudivit Deus,
et attendit voci deprecationis meæ.
20 Benedictus Deus, qui non amovit orationem meam,
et misericordiam suam a me.

66

1 In finem, in hymnis. Psalmus cantici David.
2 Deus misereatur nostri, et benedicat nobis;
illuminet vultum suum super nos, et misereatur nostri:
3 ut cognoscamus in terra viam tuam,
in omnibus gentibus salutare tuum.
4 Confiteantur tibi populi, Deus:
confiteantur tibi populi omnes.
5 Lætentur et exsultent gentes,
quoniam judicas populos in æquitate,
et gentes in terra dirigis.
6 Confiteantur tibi populi, Deus:
confiteantur tibi populi omnes.

7 Terra dedit fructum suum:
benedicat nos Deus, Deus noster!
8 Benedicat nos Deus,
et metuant eum omnes fines terræ.

67
1 In finem. Psalmus cantici ipsi David.
2 Exsurgat Deus, et dissipentur inimici ejus;
et fugiant qui oderunt eum a facie ejus.
3 Sicut deficit fumus, deficiant;
sicut fluit cera a facie ignis, sic pereant peccatores a facie Dei.
4 Et justi epulentur, et exsultent in conspectu Dei,
et delectentur in lætitia.
5 Cantate Deo; psalmum dicite nomini ejus:
iter facite ei qui ascendit super occasum.
Dominus nomen illi; exsultate in conspectu ejus.
Turbabuntur a facie ejus,
6 patris orphanorum, et judicis viduarum;
Deus in loco sancto suo.
7 Deus qui inhabitare facit unius moris in domo;
qui educit vinctos in fortitudine,
similiter eos qui exasperant, qui habitant in sepulchris.
8 Deus, cum egredereris in conspectu populi tui,
cum pertransires in deserto,
9 terra mota est, etenim cæli distillaverunt,
a facie Dei Sinai, a facie Dei Israël.
10 Pluviam voluntariam segregabis, Deus, hæreditati tuæ ;
et infirmata est, tu vero perfecisti eam.
11 Animalia tua habitabunt in ea;
parasti in dulcedine tua pauperi, Deus.
12 Dominus dabit verbum evangelizantibus, virtute multa.
13 Rex virtutum dilecti, dilecti;
et speciei domus dividere spolia.
14 Si dormiatis inter medios cleros,
pennæ columbæ deargentatæ,

et posteriora dorsi ejus in pallore auri.
15 Dum discernit cælestis reges super eam,
nive dealbabuntur in Selmon.
16 Mons Dei, mons pinguis:
mons coagulatus, mons pinguis.
17 Ut quid suspicamini, montes coagulatos?
mons in quo beneplacitum est Deo habitare in eo;
etenim Dominus habitabit in finem.
18 Currus Dei decem millibus multiplex, millia lætantium;
Dominus in eis in Sina, in sancto.
19 Ascendisti in altum, cepisti captivitatem,
accepisti dona in hominibus;
etenim non credentes inhabitare Dominum Deum.
20 Benedictus Dominus die quotidie :
prosperum iter faciet nobis Deus salutarium nostrorum.
21 Deus noster, Deus salvos faciendi;
et Domini, Domini exitus mortis.
22 Verumtamen Deus confringet capita inimicorum
suorum,
verticem capilli perambulantium in delictis suis.
23 Dixit Dominus: Ex Basan convertam,
convertam in profundum maris:
24 ut intingatur pes tuus in sanguine;
lingua canum tuorum ex inimicis, ab ipso.
25 Viderunt ingressus tuos, Deus,
ingressus Dei mei, regis mei, qui est in sancto.
26 Prævenerunt principes conjuncti psallentibus,
in medio juvencularum tympanistriarum.
27 In ecclesiis benedicite Deo Domino de fontibus Israël.
28 Ibi Benjamin adolescentulus, in mentis excessu;
principes Juda, duces eorum;
principes Zabulon, principes Nephthali.
29 Manda, Deus, virtuti tuæ;
confirma hoc, Deus, quod operatus es in nobis.
30 A templo tuo in Jerusalem,
tibi offerent reges munera.

31 Increpa feras arundinis;
congregatio taurorum in vaccis populorum:
ut excludant eos qui probati sunt argento.
Dissipa gentes quæ bella volunt.
32 Venient legati ex Ægypto;
Æthiopia præveniet manus ejus Deo.
33 Regna terræ, cantate Deo;
psallite Domino; psallite Deo.
34 Qui ascendit super cælum cæli, ad orientem:
ecce dabit voci suæ vocem virtutis.
35 Date gloriam Deo super Israël;
magnificentia ejus et virtus ejus in nubibus.
36 Mirabilis Deus in sanctis suis;
Deus Israël ipse dabit virtutem et fortitudinem plebi suæ.
Benedictus Deus!

68
1 In finem, pro iis qui commutabuntur. David.
2 Salvum me fac, Deus,
quoniam intraverunt aquæ usque ad animam meam.
3 Infixus sum in limo profundi et non est substantia.
Veni in altitudinem maris, et tempestas demersit me.
4 Laboravi clamans, raucæ factæ sunt fauces meæ;
defecerunt oculi mei, dum spero in Deum meum.
5 Multiplicati sunt super capillos capitis mei
qui oderunt me gratis.
Confortati sunt qui persecuti sunt me
inimici mei injuste;
quæ non rapui, tunc exsolvebam.
6 Deus, tu scis insipientiam meam;
et delicta mea a te non sunt abscondita.
7 Non erubescant in me qui exspectant te, Domine, Domine
virtutum;

non confundantur super me qui quærunt te, Deus Israël.
8 Quoniam propter te sustinui opprobrium ;
operuit confusio faciem meam.
9 Extraneus factus sum fratribus meis,
et peregrinus filiis matris meæ.
10 Quoniam zelus domus tuæ comedit me,
et opprobria exprobrantium tibi ceciderunt super me.
11 Et operui in jejunio animam meam,
et factum est in opprobrium mihi.
12 Et posui vestimentum meum cilicium;
et factus sum illis in parabolam.
13 Adversum me loquebantur qui sedebant in porta,
et in me psallebant qui bibebant vinum.
14 Ego vero orationem meam ad te, Domine;
tempus beneplaciti, Deus.
In multitudine misericordiæ tuæ,
exaudi me in veritate salutis tuæ.
15 Eripe me de luto, ut non infigar;
libera me ab iis qui oderunt me, et de profundis aquarum.
16 Non me demergat tempestas aquæ,
neque absorbeat me profundum,
neque urgeat super me puteus os suum.
17 Exaudi me, Domine, quoniam benigna est misericordia tua;
secundum multitudinem miserationum tuarum respice in me.
18 Et ne avertas faciem tuam a puero tuo;
quoniam tribulor, velociter exaudi me.
19 Intende animæ meæ, et libera eam;
propter inimicos meos, eripe me.
20 Tu scis improperium meum, et confusionem meam, et reverentiam meam;
21 in conspectu tuo sunt omnes qui tribulant me.
Improperium exspectavit cor meum et miseriam:
et sustinui qui simul contristaretur, et non fuit;
et qui consolaretur, et non inveni.

22 Et dederunt in escam meam fel,
et in siti mea potaverunt me aceto.
23 Fiat mensa eorum coram ipsis in laqueum,
et in retributiones, et in scandalum.
24 Obscurentur oculi eorum, ne videant,
et dorsum eorum semper incurva.
25 Effunde super eos iram tuam,
et furor iræ tuæ comprehendat eos.
26 Fiat habitatio eorum deserta,
et in tabernaculis eorum non sit qui inhabitet.
27 Quoniam quem tu percussisti persecuti sunt,
et super dolorem vulnerum meorum addiderunt.
28 Appone iniquitatem super iniquitatem eorum,
et non intrent in justitiam tuam.
29 Deleantur de libro viventium,
et cum justis non scribantur.
30 Ego sum pauper et dolens;
salus tua, Deus, suscepit me.
31 Laudabo nomen Dei cum cantico,
et magnificabo eum in laude:
32 et placebit Deo super vitulum novellum,
cornua producentem et ungulas.
33 Videant pauperes, et lætentur;
quærite Deum, et vivet anima vestra:
34 quoniam exaudivit pauperes Dominus,
et vinctos suos non despexit.
35 Laudent illum cæli et terra;
mare, et omnia reptilia in eis.
36 Quoniam Deus salvam faciet Sion,
et ædificabuntur civitates Juda,
et inhabitabunt ibi, et hæreditate acquirent eam.
37 Et semen servorum ejus possidebit eam;
et qui diligunt nomen ejus habitabunt in ea.

69

1 In finem. Psalmus David in rememorationem, quod salvum fecerit eum Dominus.
2 Deus, in adjutorium meum intende;
Domine, ad adjuvandum me festina.
3 Confundantur, et revereantur, qui quærunt animam meam.
4 Avertantur retrorsum, et erubescant, qui volunt mihi mala;
avertantur statim erubescentes qui dicunt mihi : Euge, euge!
5 Exsultent et lætentur in te omnes qui quærunt te;
et dicant semper : Magnificetur Dominus, qui diligunt salutare tuum.
6 Ego vero egenus et pauper sum;
Deus, adjuva me.
Adjutor meus et liberator meus es tu;
Domine, ne moreris.

70

1 Psalmus David, filiorum Jonadab, et priorum captivorum.
In te, Domine, speravi; non confundar in æternum.
2 In justitia tua libera me, et eripe me:
inclina ad me aurem tuam, et salva me.
3 Esto mihi in Deum protectorem,
et in locum munitum, ut salvum me facias:
quoniam firmamentum meum et refugium meum es tu.
4 Deus meus, eripe me de manu peccatoris,
et de manu contra legem agentis, et iniqui:
5 quoniam tu es patientia mea, Domine;
Domine, spes mea a juventute mea.
6 In te confirmatus sum ex utero;
de ventre matris meæ tu es protector meus;
in te cantatio mea semper.
7 Tamquam prodigium factus sum multis;

et tu adjutor fortis.
8 Repleatur os meum laude,
ut cantem gloriam tuam,
tota die magnitudinem tuam.
9 Ne projicias me in tempore senectutis;
cum defecerit virtus mea, ne derelinquas me.
10 Quia dixerunt inimici mei mihi,
et qui custodiebant animam meam consilium fecerunt in unum,
11 dicentes: Deus dereliquit eum:
persequimini et comprehendite eum,
quia non est qui eripiat.
12 Deus, ne elongeris a me;
Deus meus, in auxilium meum respice.
13 Confundantur et deficiant detrahentes animæ meæ;
operiantur confusione et pudore qui quærunt mala mihi.
14 Ego autem semper sperabo,
et adjiciam super omnem laudem tuam.
15 Os meum annuntiabit justitiam tuam,
tota die salutare tuum.
Quoniam non cognovi litteraturam,
16 introibo in potentias Domini;
Domine, memorabor justitiæ tuæ solius.
17 Deus, docuisti me a juventute mea;
et usque nunc pronuntiabo mirabilia tua.
18 Et usque in senectam et senium,
Deus, ne derelinquas me,
donec annuntiem brachium tuum generationi omni quæ ventura est,
potentiam tuam, 19 et justitiam tuam, Deus, usque in altissima;
quæ fecisti magnalia, Deus: quis similis tibi?
20 Quantas ostendisti mihi tribulationes multas et malas!
et conversus vivificasti me,
et de abyssis terræ iterum reduxisti me.
21 Multiplicasti magnificentiam tuam;

et conversus consolatus es me.
22 Nam et ego confitebor tibi in vasis psalmi veritatem tuam, Deus;
psallam tibi in cithara, sanctus Israël.
23 Exsultabunt labia mea cum cantavero tibi;
et anima mea quam redemisti.
24 Sed et lingua mea tota die meditabitur justitiam tuam,
cum confusi et reveriti fuerint qui quærunt mala mihi.

71
 1 Psalmus, in Salomonem.
2 Deus, judicium tuum regi da,
et justitiam tuam filio regis;
judicare populum tuum in justitia,
et pauperes tuos in judicio.
3 Suscipiant montes pacem populo,
et colles justitiam.
4 Judicabit pauperes populi,
et salvos faciet filios pauperum,
et humiliabit calumniatorem.
5 Et permanebit cum sole, et ante lunam,
in generatione et generationem.
6 Descendet sicut pluvia in vellus,
et sicut stillicidia stillantia super terram.
7 Orietur in diebus ejus justitia, et abundantia pacis,
donec auferatur luna.
8 Et dominabitur a mari usque ad mare,
et a flumine usque ad terminos orbis terrarum.
9 Coram illo procident Æthiopes,
et inimici ejus terram lingent.
10 Reges Tharsis et insulæ munera offerent;
reges Arabum et Saba dona adducent:
11 et adorabunt eum omnes reges terræ ;
omnes gentes servient ei.
12 Quia liberabit pauperem a potente,
et pauperem cui non erat adjutor.

13 Parcet pauperi et inopi,
et animas pauperum salvas faciet.
14 Ex usuris et iniquitate redimet animas eorum,
et honorabile nomen eorum coram illo.
15 Et vivet, et dabitur ei de auro Arabiæ;
et adorabunt de ipso semper,
tota die benedicent ei.
16 Et erit firmamentum in terra in summis montium;
superextolletur super Libanum fructus ejus,
et florebunt de civitate sicut fœnum terræ.
17 Sit nomen ejus benedictum in sæcula;
ante solem permanet nomen ejus.
Et benedicentur in ipso omnes tribus terræ;
omnes gentes magnificabunt eum.
18 Benedictus Dominus Deus Israël,
qui facit mirabilia solus.
19 Et benedictum nomen majestatis ejus in æternum,
et replebitur majestate ejus omnis terra. Fiat, fiat.
20 Defecerunt laudes David, filii Jesse.

72

1 Psalmus Asaph.
Quam bonus Israël Deus,
his qui recto sunt corde!
2 Mei autem pene moti sunt pedes,
pene effusi sunt gressus mei:
3 quia zelavi super iniquos,
pacem peccatorum videns.
4 Quia non est respectus morti eorum,
et firmamentum in plaga eorum.
5 In labore hominum non sunt,
et cum hominibus non flagellabuntur.
6 Ideo tenuit eos superbia;
operti sunt iniquitate et impietate sua.
7 Prodiit quasi ex adipe iniquitas eorum;
transierunt in affectum cordis.

8 Cogitaverunt et locuti sunt nequitiam;
iniquitatem in excelso locuti sunt.
9 Posuerunt in cælum os suum,
et lingua eorum transivit in terra.
10 Ideo convertetur populus meus hic,
et dies pleni invenientur in eis.
11 Et dixerunt : Quomodo scit Deus,
et si est scientia in excelso?
12 Ecce ipsi peccatores, et abundantes in sæculo
obtinuerunt divitias.
13 Et dixi: Ergo sine causa justificavi cor meum,
et lavi inter innocentes manus meas,
14 et fui flagellatus tota die,
et castigatio mea in matutinis.
15 Si dicebam: Narrabo sic;
ecce nationem filiorum tuorum reprobavi.
16 Existimabam ut cognoscerem hoc;
labor est ante me:
17 donec intrem in sanctuarium Dei,
et intelligam in novissimis eorum.
18 Verumtamen propter dolos posuisti eis;
dejecisti eos dum allevarentur.
19 Quomodo facti sunt in desolationem?
subito defecerunt : perierunt propter iniquitatem suam.
20 Velut somnium surgentium, Domine,
in civitate tua imaginem ipsorum ad nihilum rediges.
21 Quia inflammatum est cor meum,
et renes mei commutati sunt;
22 et ego ad nihilum redactus sum, et nescivi:
23 ut jumentum factus sum apud te,
et ego semper tecum.
24 Tenuisti manum dexteram meam,
et in voluntate tua deduxisti me,
et cum gloria suscepisti me.
25 Quid enim mihi est in cælo?
et a te quid volui super terram?

26 Defecit caro mea et cor meum;
Deus cordis mei, et pars mea, Deus in æternum.
27 Quia ecce qui elongant se a te peribunt;
perdidisti omnes qui fornicantur abs te.
28 Mihi autem adhærere Deo bonum est;
ponere in Domino Deo spem meam:
ut annuntiem omnes prædicationes tuas
in portis filiæ Sion.

73

1 Intellectus Asaph.
Ut quid, Deus, repulisti in finem,
iratus est furor tuus super oves pascuæ tuæ?
2 Memor esto congregationis tuæ,
quam possedisti ab initio.
Redemisti virgam hæreditatis tuæ,
mons Sion, in quo habitasti in eo.
3 Leva manus tuas in superbias eorum in finem:
quanta malignatus est inimicus in sancto!
4 Et gloriati sunt qui oderunt te in medio solemnitatis tuæ;
posuerunt signa sua, signa:
5 et non cognoverunt sicut in exitu super summum.
Quasi in silva lignorum securibus
6 exciderunt januas ejus in idipsum;
in securi et ascia dejecerunt eam.
7 Incenderunt igni sanctuarium tuum;
in terra polluerunt tabernaculum nominis tui.
8 Dixerunt in corde suo cognatio eorum simul:
Quiescere faciamus omnes dies festos Dei a terra.
9 Signa nostra non vidimus;
jam non est propheta;
et nos non cognoscet amplius.
10 Usquequo, Deus, improperabit inimicus?
irritat adversarius nomen tuum in finem?
11 Ut quid avertis manum tuam,
et dexteram tuam de medio sinu tuo in finem?

12 Deus autem rex noster ante sæcula:
operatus est salutem in medio terræ.
13 Tu confirmasti in virtute tua mare;
contribulasti capita draconum in aquis.
14 Tu confregisti capita draconis;
dedisti eum escam populis Æthiopum.
15 Tu dirupisti fontes et torrentes;
tu siccasti fluvios Ethan.
16 Tuus est dies, et tua est nox;
tu fabricatus es auroram et solem.
17 Tu fecisti omnes terminos terræ;
æstatem et ver tu plasmasti ea.
18 Memor esto hujus : inimicus improperavit Domino,
et populus insipiens incitavit nomen tuum.
19 Ne tradas bestiis animas confitentes tibi,
et animas pauperum tuorum ne obliviscaris in finem.
20 Respice in testamentum tuum,
quia repleti sunt qui obscurati sunt terræ domibus
iniquitatum.
21 Ne avertatur humilis factus confusus ;
pauper et inops laudabunt nomen tuum.
22 Exsurge, Deus, judica causam tuam;
memor esto improperiorum tuorum,
eorum quæ ab insipiente sunt tota die.
23 Ne obliviscaris voces inimicorum tuorum:
superbia eorum qui te oderunt ascendit semper.

74
 1 In finem, ne corrumpas. Psalmus cantici Asaph.
2 Confitebimur tibi, Deus, confitebimur,
et invocabimus nomen tuum;
narrabimus mirabilia tua.

3 Cum accepero tempus,
ego justitias judicabo.
4 Liquefacta est terra et omnes qui habitant in ea:
ego confirmavi columnas ejus.
5 Dixi iniquis: Nolite inique agere:
et delinquentibus: Nolite exaltare cornu:
6 nolite extollere in altum cornu vestrum;
nolite loqui adversus Deum iniquitatem.
7 Quia neque ab oriente, neque ab occidente,
neque a desertis montibus:
8 quoniam Deus judex est.
Hunc humiliat, et hunc exaltat:
9 quia calix in manu Domini vini meri, plenus misto.
Et inclinavit ex hoc in hoc;
verumtamen fæx ejus non est exinanita:
bibent omnes peccatores terræ.
10 Ego autem annuntiabo in sæculum;
cantabo Deo Jacob:
11 et omnia cornua peccatorum confringam,
et exaltabuntur cornua justi.

75

1 In finem, in laudibus. Psalmus Asaph, canticum ad Assyrios.
2 Notus in Judæa Deus;
in Israël magnum nomen ejus.
3 Et factus est in pace locus ejus,
et habitatio ejus in Sion.
4 Ibi confregit potentias arcuum,
scutum, gladium, et bellum.
5 Illuminans tu mirabiliter a montibus æternis;
6 turbati sunt omnes insipientes corde.
Dormierunt somnum suum,
et nihil invenerunt omnes viri divitiarum in manibus suis.
7 Ab increpatione tua, Deus Jacob,
dormitaverunt qui ascenderunt equos.

8 Tu terribilis es; et quis resistet tibi?
ex tunc ira tua.
9 De cælo auditum fecisti judicium:
terra tremuit et quievit 10 cum exsurgeret in judicium Deus,
ut salvos faceret omnes mansuetos terræ.
11 Quoniam cogitatio hominis confitebitur tibi,
et reliquiæ cogitationis diem festum agent tibi.
12 Vovete et reddite Domino Deo vestro,
omnes qui in circuitu ejus affertis munera:
terribili, 13 et ei qui aufert spiritum principum:
terribili apud reges terræ.

76
1 In finem, pro Idithun. Psalmus Asaph.
2 Voce mea ad Dominum clamavi;
voce mea ad Deum, et intendit mihi.
3 In die tribulationis meæ Deum exquisivi;
manibus meis nocte contra eum, et non sum deceptus.
Renuit consolari anima mea;
4 memor fui Dei, et delectatus sum,
et exercitatus sum, et defecit spiritus meus.
5 Anticipaverunt vigilias oculi mei;
turbatus sum, et non sum locutus.
6 Cogitavi dies antiquos,
et annos æternos in mente habui.
7 Et meditatus sum nocte cum corde meo,
et exercitabar, et scopebam spiritum meum.
8 Numquid in æternum projiciet Deus?
aut non apponet ut complacitior sit adhuc?
9 aut in finem misericordiam suam abscindet,
a generatione in generationem?
10 aut obliviscetur misereri Deus?
aut continebit in ira sua misericordias suas?
11 Et dixi: Nunc cœpi;
hæc mutatio dexteræ Excelsi.

12 Memor fui operum Domini,
quia memor ero ab initio mirabilium tuorum:
13 et meditabor in omnibus operibus tuis,
et in adinventionibus tuis exercebor.
14 Deus, in sancto via tua:
quis deus magnus sicut Deus noster?
15 Tu es Deus qui facis mirabilia:
notam fecisti in populis virtutem tuam.
16 Redemisti in brachio tuo populum tuum,
filios Jacob et Joseph.
17 Viderunt te aquæ, Deus;
viderunt te aquæ, et timuerunt:
et turbatæ sunt abyssi.
18 Multitudo sonitus aquarum;
vocem dederunt nubes.
Etenim sagittæ tuæ transeunt;
19 vox tonitrui tui in rota.
Illuxerunt coruscationes tuæ orbi terræ;
commota est, et contremuit terra.
20 In mari via tua, et semitæ tuæ in aquis multis,
et vestigia tua non cognoscentur.
21 Deduxisti sicut oves populum tuum,
in manu Moysi et Aaron.

77
 1 Intellectus Asaph.
Attendite, popule meus, legem meam;
inclinate aurem vestram in verba oris mei.
2 Aperiam in parabolis os meum;
loquar propositiones ab initio.
3 Quanta audivimus, et cognovimus ea,
et patres nostri narraverunt nobis.
4 Non sunt occultata a filiis eorum in generatione altera,
narrantes laudes Domini et virtutes ejus,
et mirabilia ejus quæ fecit.
5 Et suscitavit testimonium in Jacob,

et legem posuit in Israël,
quanta mandavit patribus nostris
nota facere ea filiis suis:
6 ut cognoscat generatio altera:
filii qui nascentur et exsurgent,
et narrabunt filiis suis,
7 ut ponant in Deo spem suam,
et non obliviscantur operum Dei,
et mandata ejus exquirant:
8 ne fiant, sicut patres eorum,
generatio prava et exasperans;
generatio quæ non direxit cor suum,
et non est creditus cum Deo spiritus ejus.
9 Filii Ephrem, intendentes et mittentes arcum,
conversi sunt in die belli.
10 Non custodierunt testamentum Dei,
et in lege ejus noluerunt ambulare.
11 Et obliti sunt benefactorum ejus,
et mirabilium ejus quæ ostendit eis.
12 Coram patribus eorum fecit mirabilia
in terra Ægypti, in campo Taneos.
13 Interrupit mare, et perduxit eos,
et statuit aquas quasi in utre:
14 et deduxit eos in nube diei,
et tota nocte in illuminatione ignis.
15 Interrupit petram in eremo,
et adaquavit eos velut in abysso multa.
16 Et eduxit aquam de petra,
et deduxit tamquam flumina aquas.
17 Et apposuerunt adhuc peccare ei;
in iram excitaverunt Excelsum in inaquoso.
18 Et tentaverunt Deum in cordibus suis,
ut peterent escas animabus suis.
19 Et male locuti sunt de Deo;
dixerunt: Numquid poterit Deus parare mensam in deserto?
20 quoniam percussit petram, et fluxerunt aquæ,

et torrentes inundaverunt.
Numquid et panem poterit dare,
aut parare mensam populo suo?
21 Ideo audivit Dominus et distulit;
et ignis accensus est in Jacob,
et ira ascendit in Israël:
22 quia non crediderunt in Deo,
nec speraverunt in salutari ejus.
23 Et mandavit nubibus desuper,
et januas cæli aperuit.
24 Et pluit illis manna ad manducandum,
et panem cæli dedit eis.
25 Panem angelorum manducavit homo;
cibaria misit eis in abundantia.
26 Transtulit austrum de cælo,
et induxit in virtute sua africum.
27 Et pluit super eos sicut pulverem carnes,
et sicut arenam maris volatilia pennata.
28 Et ceciderunt in medio castrorum eorum,
circa tabernacula eorum.
29 Et manducaverunt, et saturati sunt nimis,
et desiderium eorum attulit eis:
30 non sunt fraudati a desiderio suo.
Adhuc escæ eorum erant in ore ipsorum,
31 et ira Dei ascendit super eo:
et occidit pingues eorum,
et electos Israël impedivit.
32 In omnibus his peccaverunt adhuc,
et non crediderunt in mirabilibus ejus.
33 Et defecerunt in vanitate dies eorum,
et anni eorum cum festinatione.
34 Cum occideret eos, quærebant eum et revertebantur,
et diluculo veniebant ad eum.
35 Et rememorati sunt quia Deus adjutor est eorum,
et Deus excelsus redemptor eorum est.
36 Et dilexerunt eum in ore suo,

et lingua sua mentiti sunt ei;
37 cor autem eorum non erat rectum cum eo,
nec fideles habiti sunt in testamento ejus.
38 Ipse autem est misericors,
et propitius fiet peccatis eorum,
et non disperdet eos.
Et abundavit ut averteret iram suam,
et non accendit omnem iram suam.
39 Et recordatus est quia caro sunt,
spiritus vadens et non rediens.
40 Quoties exacerbaverunt eum in deserto;
in iram concitaverunt eum in inaquoso?
41 Et conversi sunt, et tentaverunt Deum,
et sanctum Israël exacerbaverunt.
42 Non sunt recordati manus ejus,
die qua redemit eos de manu tribulantis:
43 sicut posuit in Ægypto signa sua,
et prodigia sua in campo Taneos;
44 et convertit in sanguinem flumina eorum,
et imbres eorum, ne biberent.
45 Misit in eos cœnomyiam, et comedit eos,
et ranam, et disperdidit eos;
46 et dedit ærugini fructus eorum,
et labores eorum locustæ;
47 et occidit in grandine vineas eorum,
et moros eorum in pruina;
48 et tradidit grandini jumenta eorum,
et possessionem eorum igni;
49 misit in eos iram indignationis suæ,
indignationem, et iram, et tribulationem,
immissiones per angelos malos.
50 Viam fecit semitæ iræ suæ:
non pepercit a morte animabus eorum,
et jumenta eorum in morte conclusit:
51 et percussit omne primogenitum in terra Ægypti;
primitias omnis laboris eorum in tabernaculis Cham:

52 et abstulit sicut oves populum suum,
et perduxit eos tamquam gregem in deserto:
53 et deduxit eos in spe, et non timuerunt,
et inimicos eorum operuit mare.
54 Et induxit eos in montem sanctificationis suæ,
montem quem acquisivit dextera ejus;
et ejecit a facie eorum gentes,
et sorte divisit eis terram in funiculo distributionis;
55 et habitare fecit in tabernaculis eorum tribus Israël.
56 Et tentaverunt, et exacerbaverunt Deum excelsum,
et testimonia ejus non custodierunt.
57 Et averterunt se, et non servaverunt pactum:
quemadmodum patres eorum, conversi sunt in arcum
pravum.
58 In iram concitaverunt eum in collibus suis,
et in sculptilibus suis ad æmulationem eum provocaverunt.
59 Audivit Deus, et sprevit,
et ad nihilum redegit valde Israël.
60 Et repulit tabernaculum Silo,
tabernaculum suum, ubi habitavit in hominibus.
61 Et tradidit in captivitatem virtutem eorum,
et pulchritudinem eorum in manus inimici.
62 Et conclusit in gladio populum suum,
et hæreditatem suam sprevit.
63 Juvenes eorum comedit ignis,
et virgines eorum non sunt lamentatæ.
64 Sacerdotes eorum in gladio ceciderunt,
et viduæ eorum non plorabantur.
65 Et excitatus est tamquam dormiens Dominus,
tamquam potens crapulatus a vino.
66 Et percussit inimicos suos in posteriora;
opprobrium sempiternum dedit illis.
67 Et repulit tabernaculum Joseph,
et tribum Ephraim non elegit:
68 sed elegit tribum Juda,
montem Sion, quem dilexit.

69 Et ædificavit sicut unicornium sanctificium suum,
in terra quam fundavit in sæcula.
70 Et elegit David, servum suum,
et sustulit eum de gregibus ovium ;
de post fœtantes accepit eum:
71 pascere Jacob servum suum,
et Israël hæreditatem suam.
72 Et pavit eos in innocentia cordis sui,
et in intellectibus manuum suarum deduxit eos.

78
1 Psalmus Asaph.
Deus, venerunt gentes in hæreditatem tuam;
polluerunt templum sanctum tuum;
posuerunt Jerusalem in pomorum custodiam.
2 Posuerunt morticina servorum tuorum escas volatilibus cæli;
carnes sanctorum tuorum bestiis terræ.
3 Effuderunt sanguinem eorum tamquam aquam in circuitu Jerusalem,
et non erat qui sepeliret.
4 Facti sumus opprobrium vicinis nostris;
subsannatio et illusio his qui in circuitu nostro sunt.
5 Usquequo, Domine, irasceris in finem?
accendetur velut ignis zelus tuus?
6 Effunde iram tuam in gentes quæ te non noverunt,
et in regna quæ nomen tuum non invocaverunt:
7 quia comederunt Jacob,
et locum ejus desolaverunt.
8 Ne memineris iniquitatum nostrarum antiquarum;
cito anticipent nos misericordiæ tuæ,
quia pauperes facti sumus nimis.
9 Adjuva nos, Deus salutaris noster,
et propter gloriam nominis tui, Domine, libera nos :
et propitius esto peccatis nostris, propter nomen tuum.
10 Ne forte dicant in gentibus : Ubi est Deus eorum?

et innotescat in nationibus coram oculis nostris
ultio sanguinis servorum tuorum qui effusus est.
11 Introëat in conspectu tuo gemitus compeditorum;
secundum magnitudinem brachii tui posside filios
mortificatorum:
12 et redde vicinis nostris septuplum in sinu eorum;
improperium ipsorum quod exprobraverunt tibi, Domine.
13 Nos autem populus tuus, et oves pascuæ tuæ,
confitebimur tibi in sæculum;
in generationem et generationem annuntiabimus laudem
tuam.

79

1 In finem, pro iis qui commutabuntur. Testimonium
Asaph, psalmus.
2 Qui regis Israël, intende;
qui deducis velut ovem Joseph.
Qui sedes super cherubim, manifestare
3 coram Ephraim, Benjamin, et Manasse.
Excita potentiam tuam, et veni,
ut salvos facias nos.
4 Deus, converte nos, et ostende faciem tuam,
et salvi erimus.
5 Domine Deus virtutum,
quousque irasceris super orationem servi tui?
6 cibabis nos pane lacrimarum,
et potum dabis nobis in lacrimis in mensura?
7 Posuisti nos in contradictionem vicinis nostris,
et inimici nostri subsannaverunt nos.
8 Deus virtutum, converte nos, et ostende faciem tuam,
et salvi erimus.
9 Vineam de Ægypto transtulisti:
ejecisti gentes, et plantasti eam.
10 Dux itineris fuisti in conspectu ejus;
plantasti radices ejus, et implevit terram.
11 Operuit montes umbra ejus,

et arbusta ejus cedros Dei.
12 Extendit palmites suos usque ad mare,
et usque ad flumen propagines ejus.
13 Ut quid destruxisti maceriam ejus,
et vindemiant eam omnes qui prætergrediuntur viam?
14 Exterminavit eam aper de silva,
et singularis ferus depastus est eam.
15 Deus virtutum, convertere,
respice de cælo, et vide,
et visita vineam istam:
16 et perfice eam quam plantavit dextera tua,
et super filium hominis quem confirmasti tibi.
17 Incensa igni et suffossa,
ab increpatione vultus tui peribunt.
18 Fiat manus tua super virum dexteræ tuæ,
et super filium hominis quem confirmasti tibi.
19 Et non discedimus a te:
vivificabis nos, et nomen tuum invocabimus.
20 Domine Deus virtutum, converte nos, et ostende faciem tuam,
et salvi erimus.

80
 1 In finem, pro torcularibus. Psalmus ipsi Asaph.
2 Exsultate Deo adjutori nostro;
jubilate Deo Jacob.
3 Sumite psalmum, et date tympanum;
psalterium jucundum cum cithara.
4 Buccinate in neomenia tuba,
in insigni die solemnitatis vestræ:
5 quia præceptum in Israël est,
et judicium Deo Jacob.
6 Testimonium in Joseph posuit illud,
cum exiret de terra Ægypti;
linguam quam non noverat, audivit.
7 Divertit ab oneribus dorsum ejus;

manus ejus in cophino servierunt.
8 In tribulatione invocasti me, et liberavi te.
Exaudivi te in abscondito tempestatis;
probavi te apud aquam contradictionis.
9 Audi, populus meus, et contestabor te.
Israël, si audieris me,
10 non erit in te deus recens,
neque adorabis deum alienum.
11 Ego enim sum Dominus Deus tuus,
qui eduxi te de terra Ægypti.
Dilata os tuum, et implebo illud.
12 Et non audivit populus meus vocem meam,
et Israël non intendit mihi.
13 Et dimisi eos secundum desideria cordis eorum;
ibunt in adinventionibus suis.
14 Si populus meus audisset me,
Israël si in viis meis ambulasset,
15 pro nihilo forsitan inimicos eorum humiliassem,
et super tribulantes eos misissem manum meam.
16 Inimici Domini mentiti sunt ei,
et erit tempus eorum in sæcula.
17 Et cibavit eos ex adipe frumenti,
et de petra melle saturavit eos.

81
 1 Psalmus Asaph.
Deus stetit in synagoga deorum;
in medio autem deos dijudicat.
2 Usquequo judicatis iniquitatem,
et facies peccatorum sumitis?
3 Judicate egeno et pupillo;
humilem et pauperem justificate.
4 Eripite pauperem,
et egenum de manu peccatoris liberate.
5 Nescierunt, neque intellexerunt;
in tenebris ambulant:

movebuntur omnia fundamenta terræ.
6 Ego dixi : Dii estis,
et filii Excelsi omnes.
7 Vos autem sicut homines moriemini,
et sicut unus de principibus cadetis.
8 Surge, Deus, judica terram,
quoniam tu hæreditabis in omnibus gentibus.

82
 1 Canticum Psalmi Asaph.
2 Deus, quis similis erit tibi?
ne taceas, neque compescaris, Deus:
3 quoniam ecce inimici tui sonuerunt,
et qui oderunt te extulerunt caput.
4 Super populum tuum malignaverunt consilium,
et cogitaverunt adversus sanctos tuos.
5 Dixerunt: Venite, et disperdamus eos de gente,
et non memoretur nomen Israël ultra.
6 Quoniam cogitaverunt unanimiter;
simul adversum te testamentum disposuerunt:
7 tabernacula Idumæorum et Ismahelitæ,
Moab et Agareni,
8 Gebal, et Ammon, et Amalec;
alienigenæ cum habitantibus Tyrum.
9 Etenim Assur venit cum illis:
facti sunt in adjutorium filiis Lot.
10 Fac illis sicut Madian et Sisaræ,
sicut Jabin in torrente Cisson.
11 Disperierunt in Endor;
facti sunt ut stercus terræ.
12 Pone principes eorum sicut Oreb,
et Zeb, et Zebee, et Salmana:
omnes principes eorum,
13 qui dixerunt : Hæreditate possideamus sanctuarium Dei.
14 Deus meus, pone illos ut rotam,
et sicut stipulam ante faciem venti.

15 Sicut ignis qui comburit silvam,
et sicut flamma comburens montes,
16 ita persequeris illos in tempestate tua,
et in ira tua turbabis eos.
17 Imple facies eorum ignominia,
et quærent nomen tuum, Domine.
18 Erubescant, et conturbentur in sæculum sæculi,
et confundantur, et pereant.
19 Et cognoscant quia nomen tibi Dominus:
tu solus Altissimus in omni terra.

83

1 In finem, pro torcularibus filiis Core. Psalmus.
2 Quam dilecta tabernacula tua, Domine virtutum!
3 Concupiscit, et deficit anima mea in atria Domini;
cor meum et caro mea exsultaverunt in Deum vivum.
4 Etenim passer invenit sibi domum,
et turtur nidum sibi, ubi ponat pullos suos:
altaria tua, Domine virtutum,
rex meus, et Deus meus.
5 Beati qui habitant in domo tua, Domine;
in sæcula sæculorum laudabunt te.
6 Beatus vir cujus est auxilium abs te:
ascensiones in corde suo disposuit,
7 in valle lacrimarum, in loco quem posuit.
8 Etenim benedictionem dabit legislator;
ibunt de virtute in virtutem:
videbitur Deus deorum in Sion.
9 Domine Deus virtutum, exaudi orationem meam;
auribus percipe, Deus Jacob.
10 Protector noster, aspice, Deus,
et respice in faciem christi tui.
11 Quia melior est dies una in atriis tuis super millia;
elegi abjectus esse in domo Dei mei
magis quam habitare in tabernaculis peccatorum.
12 Quia misericordiam et veritatem diligit Deus:

gratiam et gloriam dabit Dominus.
13 Non privabit bonis eos qui ambulant in innocentia:
Domine virtutum, beatus homo qui sperat in te.

84
1 In finem, filiis Core. Psalmus.
2 Benedixisti, Domine, terram tuam;
avertisti captivitatem Jacob.
3 Remisisti iniquitatem plebis tuæ;
operuisti omnia peccata eorum.
4 Mitigasti omnem iram tuam;
avertisti ab ira indignationis tuæ.
5 Converte nos, Deus salutaris noster,
et averte iram tuam a nobis.
6 Numquid in æternum irasceris nobis?
aut extendes iram tuam a generatione in generationem?
7 Deus, tu conversus vivificabis nos,
et plebs tua lætabitur in te.
8 Ostende nobis, Domine, misericordiam tuam,
et salutare tuum da nobis.
9 Audiam quid loquatur in me Dominus Deus,
quoniam loquetur pacem in plebem suam,
et super sanctos suos,
et in eos qui convertuntur ad cor.
10 Verumtamen prope timentes eum salutare ipsius,
ut inhabitet gloria in terra nostra.
11 Misericordia et veritas obviaverunt sibi;
justitia et pax osculatæ sunt.
12 Veritas de terra orta est,
et justitia de cælo prospexit.
13 Etenim Dominus dabit benignitatem,
et terra nostra dabit fructum suum.
14 Justitia ante eum ambulabit,
et ponet in via gressus suos.

85

1 Oratio ipsi David.
Inclina, Domine, aurem tuam et exaudi me,
quoniam inops et pauper sum ego.
2 Custodi animam meam, quoniam sanctus sum;
salvum fac servum tuum, Deus meus, sperantem in te.
3 Miserere mei, Domine,
quoniam ad te clamavi tota die;
4 lætifica animam servi tui,
quoniam ad te, Domine, animam meam levavi.
5 Quoniam tu, Domine, suavis et mitis,
et multæ misericordiæ omnibus invocantibus te.
6 Auribus percipe, Domine, orationem meam,
et intende voci deprecationis meæ.
7 In die tribulationis meæ clamavi ad te,
quia exaudisti me.
8 Non est similis tui in diis, Domine,
et non est secundum opera tua.
9 Omnes gentes quascumque fecisti venient,
et adorabunt coram te, Domine,
et glorificabunt nomen tuum.
10 Quoniam magnus es tu, et faciens mirabilia;
tu es Deus solus.
11 Deduc me, Domine, in via tua, et ingrediar in veritate tua;
lætetur cor meum, ut timeat nomen tuum.
12 Confitebor tibi, Domine Deus meus, in toto corde meo,
et glorificabo nomen tuum in æternum:
13 quia misericordia tua magna est super me,
et eruisti animam meam ex inferno inferiori.
14 Deus, iniqui insurrexerunt super me,
et synagoga potentium quæsierunt animam meam:
et non proposuerunt te in conspectu suo.
15 Et tu, Domine Deus, miserator et misericors;
patiens, et multæ misericordiæ, et verax.
16 Respice in me, et miserere mei;
da imperium tuum puero tuo,

et salvum fac filium ancillæ tuæ.
17 Fac mecum signum in bonum,
ut videant qui oderunt me, et confundantur:
quoniam tu, Domine, adjuvisti me, et consolatus es me.

86

1 Filiis Core. Psalmus cantici.
Fundamenta ejus in montibus sanctis;
2 diligit Dominus portas Sion super omnia tabernacula Jacob.
3 Gloriosa dicta sunt de te, civitas Dei!
4 Memor ero Rahab et Babylonis, scientium me;
ecce alienigenæ, et Tyrus, et populus Æthiopum,
hi fuerunt illic.
5 Numquid Sion dicet: Homo et homo natus est in ea,
et ipse fundavit eam Altissimus?
6 Dominus narrabit in scripturis populorum et principum,
horum qui fuerunt in ea.
7 Sicut lætantium omnium
habitatio est in te.

87

1 Canticum Psalmi, filiis Core, in finem, pro Maheleth ad respondendum. Intellectus Eman Ezrahitæ.
2 Domine, Deus salutis meæ,
in die clamavi et nocte coram te.
3 Intret in conspectu tuo oratio mea,
inclina aurem tuam ad precem meam.
4 Quia repleta est malis anima mea,
et vita mea inferno appropinquavit.
5 Æstimatus sum cum descendentibus in lacum,
factus sum sicut homo sine adjutorio,
6 inter mortuos liber;

sicut vulnerati dormientes in sepulchris,
quorum non es memor amplius,
et ipsi de manu tua repulsi sunt.
7 Posuerunt me in lacu inferiori,
in tenebrosis, et in umbra mortis.
8 Super me confirmatus est furor tuus,
et omnes fluctus tuos induxisti super me.
9 Longe fecisti notos meos a me;
posuerunt me abominationem sibi.
Traditus sum, et non egrediebar;
10 oculi mei languerunt præ inopia.
Clamavi ad te, Domine, tota die;
expandi ad te manus meas.
11 Numquid mortuis facies mirabilia?
aut medici suscitabunt, et confitebuntur tibi?
12 Numquid narrabit aliquis in sepulchro misericordiam
tuam,
et veritatem tuam in perditione?
13 Numquid cognoscentur in tenebris mirabilia tua?
et justitia tua in terra oblivionis?
14 Et ego ad te, Domine, clamavi,
et mane oratio mea præveniet te.
15 Ut quid, Domine, repellis orationem meam;
avertis faciem tuam a me?
16 Pauper sum ego, et in laboribus a juventute mea;
exaltatus autem, humiliatus sum et conturbatus.
17 In me transierunt iræ tuæ,
et terrores tui conturbaverunt me:
18 circumdederunt me sicut aqua tota die;
circumdederunt me simul.
19 Elongasti a me amicum et proximum,
et notos meos a miseria.

1 Intellectus Ethan Ezrahitæ.
2 Misericordias Domini in æternum cantabo;
in generationem et generationem annuntiabo veritatem tuam in ore meo.
3 Quoniam dixisti: In æternum misericordia ædificabitur in cælis;
præparabitur veritas tua in eis.
4 Disposui testamentum electis meis;
juravi David servo meo:
5 Usque in æternum præparabo semen tuum,
et ædificabo in generationem et generationem sedem tuam.
6 Confitebuntur cæli mirabilia tua, Domine;
etenim veritatem tuam in ecclesia sanctorum.
7 Quoniam quis in nubibus æquabitur Domino;
similis erit Deo in filiis Dei?
8 Deus, qui glorificatur in consilio sanctorum,
magnus et terribilis super omnes qui in circuitu ejus sunt.
9 Domine Deus virtutum, quis similis tibi?
potens es, Domine, et veritas tua in circuitu tuo.
10 Tu dominaris potestati maris;
motum autem fluctuum ejus tu mitigas.
11 Tu humiliasti, sicut vulneratum, superbum;
in brachio virtutis tuæ dispersisti inimicos tuos.
12 Tui sunt cæli, et tua est terra:
orbem terræ, et plenitudinem ejus tu fundasti;
13 aquilonem et mare tu creasti.
Thabor et Hermon in nomine tuo exsultabunt:
14 tuum brachium cum potentia.
Firmetur manus tua, et exaltetur dextera tua:
15 justitia et judicium præparatio sedis tuæ:
misericordia et veritas præcedent faciem tuam.
16 Beatus populus qui scit jubilationem:
Domine, in lumine vultus tui ambulabunt,
17 et in nomine tuo exsultabunt tota die,
et in justitia tua exaltabuntur.
18 Quoniam gloria virtutis eorum tu es,

et in beneplacito tuo exaltabitur cornu nostrum.
19 Quia Domini est assumptio nostra,
et sancti Israël regis nostri.
20 Tunc locutus es in visione sanctis tuis,
et dixisti : Posui adjutorium in potente,
et exaltavi electum de plebe mea.
21 Inveni David, servum meum;
oleo sancto meo unxi eum.
22 Manus enim mea auxiliabitur ei,
et brachium meum confortabit eum.
23 Nihil proficiet inimicus in eo,
et filius iniquitatis non apponet nocere ei.
24 Et concidam a facie ipsius inimicos ejus,
et odientes eum in fugam convertam.
25 Et veritas mea et misericordia mea cum ipso,
et in nomine meo exaltabitur cornu ejus.
26 Et ponam in mari manum ejus,
et in fluminibus dexteram ejus.
27 Ipse invocabit me: Pater meus es tu,
Deus meus, et susceptor salutis meæ.
28 Et ego primogenitum ponam illum,
excelsum præ regibus terræ.
29 In æternum servabo illi misericordiam meam,
et testamentum meum fidele ipsi.
30 Et ponam in sæculum sæculi semen ejus,
et thronum ejus sicut dies cæli.
31 Si autem dereliquerint filii ejus legem meam,
et in judiciis meis non ambulaverint;
32 si justitias meas profanaverint,
et mandata mea non custodierint:
33 visitabo in virga iniquitates eorum,
et in verberibus peccata eorum;
34 misericordiam autem meam non dispergam ab eo,
neque nocebo in veritate mea,
35 neque profanabo testamentum meum:
et quæ procedunt de labiis meis non faciam irrita.

36 Semel juravi in sancto meo, si David mentiar:
37 semen ejus in æternum manebit.
Et thronus ejus sicut sol in conspectu meo,
38 et sicut luna perfecta in æternum,
et testis in cælo fidelis.
39 Tu vero repulisti et despexisti;
distulisti christum tuum.
40 Evertisti testamentum servi tui;
profanasti in terra sanctuarium ejus.
41 Destruxisti omnes sepes ejus;
posuisti firmamentum ejus formidinem.
42 Diripuerunt eum omnes transeuntes viam;
factus est opprobrium vicinis suis.
43 Exaltasti dexteram deprimentium eum;
lætificasti omnes inimicos ejus.
44 Avertisti adjutorium gladii ejus,
et non es auxiliatus ei in bello.
45 Destruxisti eum ab emundatione,
et sedem ejus in terram collisisti.
46 Minorasti dies temporis ejus;
perfudisti eum confusione.
47 Usquequo, Domine, avertis in finem?
exardescet sicut ignis ira tua?
48 Memorare quæ mea substantia:
numquid enim vane constituisti omnes filios hominum?
49 Quis est homo qui vivet et non videbit mortem?
eruet animam suam de manu inferi?
50 Ubi sunt misericordiæ tuæ antiquæ, Domine,
sicut jurasti David in veritate tua?
51 Memor esto, Domine, opprobrii servorum tuorum,
quod continui in sinu meo, multarum gentium:
52 quod exprobraverunt inimici tui, Domine;
quod exprobraverunt commutationem christi tui.
53 Benedictus Dominus in æternum. Fiat, fiat.

1 Oratio Moysi, hominis Dei.
Domine, refugium factus es nobis
a generatione in generationem.
2 Priusquam montes fierent,
aut formaretur terra et orbis,
a sæculo et usque in sæculum tu es, Deus.
3 Ne avertas hominem in humilitatem:
et dixisti : Convertimini, filii hominum.
4 Quoniam mille anni ante oculos tuos
tamquam dies hesterna quæ præteriit:
et custodia in nocte 5 quæ pro nihilo habentur,
eorum anni erunt.
6 Mane sicut herba transeat;
mane floreat, et transeat;
vespere decidat, induret, et arescat.
7 Quia defecimus in ira tua,
et in furore tuo turbati sumus.
8 Posuisti iniquitates nostras in conspectu tuo;
sæculum nostrum in illuminatione vultus tui.
9 Quoniam omnes dies nostri defecerunt,
et in ira tua defecimus.
Anni nostri sicut aranea meditabuntur;
10 dies annorum nostrorum in ipsis septuaginta anni.
Si autem in potentatibus octoginta anni,
et amplius eorum labor et dolor;
quoniam supervenit mansuetudo, et corripiemur.
11 Quis novit potestatem iræ tuæ,
12 et præ timore tuo iram tuam dinumerare?
Dexteram tuam sic notam fac,
et eruditos corde in sapientia.
13 Convertere, Domine; usquequo?
et deprecabilis esto super servos tuos.
14 Repleti sumus mane misericordia tua;
et exsultavimus, et delectati sumus omnibus diebus nostris.
15 Lætati sumus pro diebus quibus nos humiliasti;
annis quibus vidimus mala.

16 Respice in servos tuos et in opera tua,
et dirige filios eorum.
17 Et sit splendor Domini Dei nostri super nos,
et opera manuum nostrarum dirige super nos,
et opus manuum nostrarum dirige.

90
1 Laus cantici David.
Qui habitat in adjutorio Altissimi,
in protectione Dei cæli commorabitur.
2 Dicet Domino: Susceptor meus es tu, et refugium meum;
Deus meus, sperabo in eum.
3 Quoniam ipse liberavit me de laqueo venantium,
et a verbo aspero.
4 Scapulis suis obumbrabit tibi,
et sub pennis ejus sperabis.
5 Scuto circumdabit te veritas ejus:
non timebis a timore nocturno;
6 a sagitta volante in die,
a negotio perambulante in tenebris,
ab incursu, et dæmonio meridiano.
7 Cadent a latere tuo mille, et decem millia a dextris tuis;
ad te autem non appropinquabit.
8 Verumtamen oculis tuis considerabis,
et retributionem peccatorum videbis.
9 Quoniam tu es, Domine, spes mea;
Altissimum posuisti refugium tuum.
10 Non accedet ad te malum,
et flagellum non appropinquabit tabernaculo tuo.
11 Quoniam angelis suis mandavit de te,
ut custodiant te in omnibus viis tuis.
12 In manibus portabunt te,
ne forte offendas ad lapidem pedem tuum.
13 Super aspidem et basiliscum ambulabis,
et conculcabis leonem et draconem.
14 Quoniam in me speravit, liberabo eum;

protegam eum, quoniam cognovit nomen meum.
15 Clamabit ad me, et ego exaudiam eum;
cum ipso sum in tribulatione:
eripiam eum, et glorificabo eum.
16 Longitudine dierum replebo eum,
et ostendam illi salutare meum.

91
1 Psalmus cantici, in die sabbati.
2 Bonum est confiteri Domino,
et psallere nomini tuo, Altissime:
3 ad annuntiandum mane misericordiam tuam,
et veritatem tuam per noctem,
4 in decachordo, psalterio;
cum cantico, in cithara.
5 Quia delectasti me, Domine, in factura tua;
et in operibus manuum tuarum exsultabo.
6 Quam magnificata sunt opera tua, Domine!
nimis profundæ factæ sunt cogitationes tuæ.
7 Vir insipiens non cognoscet,
et stultus non intelliget hæc.
8 Cum exorti fuerint peccatores sicut fœnum,
et apparuerint omnes qui operantur iniquitatem,
ut intereant in sæculum sæculi:
9 tu autem Altissimus in æternum, Domine.
10 Quoniam ecce inimici tui, Domine,
quoniam ecce inimici tui peribunt;
et dispergentur omnes qui operantur iniquitatem.
11 Et exaltabitur sicut unicornis cornu meum,
et senectus mea in misericordia uberi.
12 Et despexit oculus meus inimicos meos,
et in insurgentibus in me malignantibus audiet auris mea.
13 Justus ut palma florebit;
sicut cedrus Libani multiplicabitur.
14 Plantati in domo Domini,

in atriis domus Dei nostri florebunt.
15 Adhuc multiplicabuntur in senecta uberi,
et bene patientes erunt:
16 ut annuntient quoniam rectus Dominus Deus noster,
et non est iniquitas in eo.

92

1 Laus cantici ipsi David, in die ante sabbatum, quando fundata est terra.
Dominus regnavit, decorem indutus est:
indutus est Dominus fortitudinem, et præcinxit se.
Etenim firmavit orbem terræ, qui non commovebitur.
2 Parata sedes tua ex tunc;
a sæculo tu es.
3 Elevaverunt flumina, Domine,
elevaverunt flumina vocem suam;
elevaverunt flumina fluctus suos,
4 a vocibus aquarum multarum.
Mirabiles elationes maris;
mirabilis in altis Dominus.
5 Testimonia tua credibilia facta sunt nimis;
domum tuam decet sanctitudo, Domine,
in longitudinem dierum.

93

1 Psalmus ipsi David, quarta sabbati.
Deus ultionum Dominus;
Deus ultionum libere egit.
2 Exaltare, qui judicas terram;
redde retributionem superbis.
3 Usquequo peccatores, Domine,
usquequo peccatores gloriabuntur;
4 effabuntur et loquentur iniquitatem;
loquentur omnes qui operantur injustitiam?
5 Populum tuum, Domine, humiliaverunt,
et hæreditatem tuam vexaverunt.

6 Viduam et advenam interfecerunt,
et pupillos occiderunt.
7 Et dixerunt : Non videbit Dominus,
nec intelliget Deus Jacob.
8 Intelligite, insipientes in populo;
et stulti, aliquando sapite.
9 Qui plantavit aurem non audiet?
aut qui finxit oculum non considerat?
10 Qui corripit gentes non arguet,
qui docet hominem scientiam?
11 Dominus scit cogitationes hominum,
quoniam vanæ sunt.
12 Beatus homo quem tu erudieris, Domine,
et de lege tua docueris eum:
13 ut mitiges ei a diebus malis,
donec fodiatur peccatori fovea.
14 Quia non repellet Dominus plebem suam,
et hæreditatem suam non derelinquet,
15 quoadusque justitia convertatur in judicium:
et qui juxta illam, omnes qui recto sunt corde.
16 Quis consurget mihi adversus malignantes?
aut quis stabit mecum adversus operantes iniquitatem?
17 Nisi quia Dominus adjuvit me,
paulominus habitasset in inferno anima mea.
18 Si dicebam : Motus est pes meus:
misericordia tua, Domine, adjuvabat me.
19 Secundum multitudinem dolorum meorum in corde meo,
consolationes tuæ lætificaverunt animam meam.
20 Numquid adhæret tibi sedes iniquitatis,
qui fingis laborem in præcepto?
21 Captabunt in animam justi,
et sanguinem innocentem condemnabunt.
22 Et factus est mihi Dominus in refugium,
et Deus meus in adjutorium spei meæ.
23 Et reddet illis iniquitatem ipsorum,

et in malitia eorum disperdet eos:
disperdet illos Dominus Deus noster.

94

1 Laus cantici ipsi David.
Venite, exsultemus Domino;
jubilemus Deo salutari nostro;
2 præoccupemus faciem ejus in confessione,
et in psalmis jubilemus ei:
3 quoniam Deus magnus Dominus,
et rex magnus super omnes deos.
4 Quia in manu ejus sunt omnes fines terræ,
et altitudines montium ipsius sunt;
5 quoniam ipsius est mare, et ipse fecit illud,
et siccam manus ejus formaverunt.
6 Venite, adoremus, et procidamus,
et ploremus ante Dominum qui fecit nos:
7 quia ipse est Dominus Deus noster,
et nos populus pascuæ ejus, et oves manus ejus.
8 Hodie si vocem ejus audieritis,
nolite obdurare corda vestra 9 sicut in irritatione,
secundum diem tentationis in deserto,
ubi tentaverunt me patres vestri:
probaverunt me, et viderunt opera mea.
10 Quadraginta annis offensus fui generationi illi,
et dixi : Semper hi errant corde.
11 Et isti non cognoverunt vias meas:
ut juravi in ira mea:
Si introibunt in requiem meam.

95

1 Canticum ipsi David, quando domus ædificabatur post captivitatem.
Cantate Domino canticum novum;
cantate Domino omnis terra.
2 Cantate Domino, et benedicite nomini ejus;

annuntiate de die in diem salutare ejus.
3 Annuntiate inter gentes gloriam ejus;
in omnibus populis mirabilia ejus.
4 Quoniam magnus Dominus, et laudabilis nimis:
terribilis est super omnes deos.
5 Quoniam omnes dii gentium dæmonia;
Dominus autem cælos fecit.
6 Confessio et pulchritudo in conspectu ejus;
sanctimonia et magnificentia in sanctificatione ejus.
7 Afferte Domino, patriæ gentium,
afferte Domino gloriam et honorem;
8 afferte Domino gloriam nomini ejus.
Tollite hostias, et introite in atria ejus;
9 adorate Dominum in atrio sancto ejus.
Commoveatur a facie ejus universa terra;
10 dicite in gentibus, quia Dominus regnavit.
Etenim correxit orbem terræ, qui non commovebitur;
judicabit populos in æquitate.
11 Lætentur cæli, et exsultet terra;
commoveatur mare et plenitudo ejus;
12 gaudebunt campi, et omnia quæ in eis sunt.
Tunc exsultabunt omnia ligna silvarum
13 a facie Domini, quia venit,
quoniam venit judicare terram.
Judicabit orbem terræ in æquitate,
et populos in veritate sua.

96

1 Huic David, quando terra ejus restituta est.
Dominus regnavit : exsultet terra;
lætentur insulæ multæ.
2 Nubes et caligo in circuitu ejus;
justitia et judicium correctio sedis ejus.
3 Ignis ante ipsum præcedet,
et inflammabit in circuitu inimicos ejus.
4 Illuxerunt fulgura ejus orbi terræ;

vidit, et commota est terra.
5 Montes sicut cera fluxerunt a facie Domini;
a facie Domini omnis terra.
6 Annuntiaverunt cæli justitiam ejus,
et viderunt omnes populi gloriam ejus.
7 Confundantur omnes qui adorant sculptilia,
et qui gloriantur in simulacris suis.
Adorate eum omnes angeli ejus.
8 Audivit, et lætata est Sion,
et exsultaverunt filiæ Judæ
propter judicia tua, Domine.
9 Quoniam tu Dominus altissimus super omnem terram;
nimis exaltatus es super omnes deos.
10 Qui diligitis Dominum, odite malum:
custodit Dominus animas sanctorum suorum;
de manu peccatoris liberabit eos.
11 Lux orta est justo,
et rectis corde lætitia.
12 Lætamini, justi, in Domino,
et confitemini memoriæ sanctificationis ejus.

97

1 Psalmus ipsi David.
Cantate Domino canticum novum,
quia mirabilia fecit.
Salvavit sibi dextera ejus,
et brachium sanctum ejus.
2 Notum fecit Dominus salutare suum;
in conspectu gentium revelavit justitiam suam.
3 Recordatus est misericordiæ suæ,
et veritatis suæ domui Israël.
Viderunt omnes termini terræ
salutare Dei nostri.
4 Jubilate Deo, omnis terra;
cantate, et exsultate, et psallite.
5 Psallite Domino in cithara;

in cithara et voce psalmi;
6 in tubis ductilibus, et voce tubæ corneæ.
Jubilate in conspectu regis Domini:
7 moveatur mare, et plenitudo ejus;
orbis terrarum, et qui habitant in eo.
8 Flumina plaudent manu;
simul montes exsultabunt 9 a conspectu Domini:
quoniam venit judicare terram.
Judicabit orbem terrarum in justitia,
et populos in æquitate.

98
1 Psalmus ipsi David.
Dominus regnavit : irascantur populi;
qui sedet super cherubim: moveatur terra.
2 Dominus in Sion magnus,
et excelsus super omnes populos.
3 Confiteantur nomini tuo magno,
quoniam terribile et sanctum est,
4 et honor regis judicium diligit.
Tu parasti directiones;
judicium et justitiam in Jacob tu fecisti.
5 Exaltate Dominum Deum nostrum,
et adorate scabellum pedum ejus,
quoniam sanctum est.
6 Moyses et Aaron in sacerdotibus ejus,
et Samuel inter eos qui invocant nomen ejus:
invocabant Dominum, et ipse exaudiebat eos;
7 in columna nubis loquebatur ad eos.
Custodiebant testimonia ejus,
et præceptum quod dedit illis.
8 Domine Deus noster, tu exaudiebas eos;
Deus, tu propitius fuisti eis,
et ulciscens in omnes adinventiones eorum.
9 Exaltate Dominum Deum nostrum,

et adorate in monte sancto ejus,
quoniam sanctus Dominus Deus noster.

99
1 Psalmus in confessione.
2 Jubilate Deo, omnis terra;
servite Domino in lætitia.
Introite in conspectu ejus in exsultatione.
3 Scitote quoniam Dominus ipse est Deus;
ipse fecit nos, et non ipsi nos:
populus ejus, et oves pascuæ ejus.
4 Introite portas ejus in confessione;
atria ejus in hymnis:
confitemini illi.
Laudate nomen ejus, 5 quoniam suavis est Dominus,
in æternum misericordia ejus,
et usque in generationem et generationem veritas ejus.

100
1 Psalmus ipsi David.
Misericordiam et judicium cantabo tibi, Domine;
psallam, 2 et intelligam in via immaculata: quando venies ad me?
Perambulabam in innocentia cordis mei, in medio domus meæ.
3 Non proponebam ante oculos meos rem injustam;
facientes prævaricationes odivi;
non adhæsit mihi 4 cor pravum;
declinantem a me malignum non cognoscebam.
5 Detrahentem secreto proximo suo, hunc persequebar:
superbo oculo, et insatiabili corde, cum hoc non edebam.
6 Oculi mei ad fideles terræ, ut sedeant mecum;
ambulans in via immaculata, hic mihi ministrabat.

7 Non habitabit in medio domus meæ qui facit superbiam;
qui loquitur iniqua non direxit in conspectu oculorum
meorum.
8 In matutino interficiebam omnes peccatores terræ,
ut disperderem de civitate Domini omnes operantes
iniquitatem.

101

1 Oratio pauperis, cum anxius fuerit, et in conspectu
Domini effuderit precem suam.
2 Domine, exaudi orationem meam,
et clamor meus ad te veniat.
3 Non avertas faciem tuam a me:
in quacumque die tribulor, inclina ad me aurem tuam;
in quacumque die invocavero te, velociter exaudi me.
4 Quia defecerunt sicut fumus dies mei,
et ossa mea sicut cremium aruerunt.
5 Percussus sum ut fœnum, et aruit cor meum,
quia oblitus sum comedere panem meum.
6 A voce gemitus mei
adhæsit os meum carni meæ.
7 Similis factus sum pellicano solitudinis;
factus sum sicut nycticorax in domicilio.
8 Vigilavi, et factus sum sicut passer solitarius in tecto.
9 Tota die exprobrabant mihi inimici mei,
et qui laudabant me adversum me jurabant:
10 quia cinerem tamquam panem manducabam,
et potum meum cum fletu miscebam,
11 a facie iræ et indignationis tuæ:
quia elevans allisisti me.
12 Dies mei sicut umbra declinaverunt,
et ego sicut fœnum arui.
13 Tu autem, Domine, in æternum permanes,
et memoriale tuum in generationem et generationem.
14 Tu exsurgens misereberis Sion,
quia tempus miserendi ejus, quia venit tempus:

15 quoniam placuerunt servis tuis lapides ejus,
et terræ ejus miserebuntur.
16 Et timebunt gentes nomen tuum, Domine,
et omnes reges terræ gloriam tuam:
17 quia ædificavit Dominus Sion,
et videbitur in gloria sua.
18 Respexit in orationem humilium
et non sprevit precem eorum.
19 Scribantur hæc in generatione altera,
et populus qui creabitur laudabit Dominum.
20 Quia prospexit de excelso sancto suo;
Dominus de cælo in terram aspexit:
21 ut audiret gemitus compeditorum;
ut solveret filios interemptorum:
22 ut annuntient in Sion nomen Domini,
et laudem ejus in Jerusalem:
23 in conveniendo populos in unum, et reges,
ut serviant Domino.
24 Respondit ei in via virtutis suæ:
Paucitatem dierum meorum nuntia mihi:
25 ne revoces me in dimidio dierum meorum,
in generationem et generationem anni tui.
26 Initio tu, Domine, terram fundasti,
et opera manuum tuarum sunt cæli.
27 Ipsi peribunt, tu autem permanes;
et omnes sicut vestimentum veterascent.
Et sicut opertorium mutabis eos, et mutabuntur;
28 tu autem idem ipse es, et anni tui non deficient.
29 Filii servorum tuorum habitabunt,
et semen eorum in sæculum dirigetur.

102
1 Ipsi David.
Benedic, anima mea, Domino,
et omnia quæ intra me sunt nomini sancto ejus.
2 Benedic, anima mea, Domino,

et noli oblivisci omnes retributiones ejus.
3 Qui propitiatur omnibus iniquitatibus tuis ;
qui sanat omnes infirmitates tuas:
4 qui redimit de interitu vitam tuam;
qui coronat te in misericordia et miserationibus:
5 qui replet in bonis desiderium tuum;
renovabitur ut aquilæ juventus tua:
6 faciens misericordias Dominus,
et judicium omnibus injuriam patientibus.
7 Notas fecit vias suas Moysi;
filiis Israël voluntates suas.
8 Miserator et misericors Dominus:
longanimis, et multum misericors.
9 Non in perpetuum irascetur,
neque in æternum comminabitur.
10 Non secundum peccata nostra fecit nobis,
neque secundum iniquitates nostras retribuit nobis.
11 Quoniam secundum altitudinem cæli a terra,
corroboravit misericordiam suam super timentes se;
12 quantum distat ortus ab occidente,
longe fecit a nobis iniquitates nostras.
13 Quomodo miseretur pater filiorum,
misertus est Dominus timentibus se.
14 Quoniam ipse cognovit figmentum nostrum;
recordatus est quoniam pulvis sumus.
15 Homo, sicut fœnum dies ejus;
tamquam flos agri, sic efflorebit:
16 quoniam spiritus pertransibit in illo, et non subsistet,
et non cognoscet amplius locum suum.
17 Misericordia autem Domini ab æterno,
et usque in æternum super timentes eum.
Et justitia illius in filios filiorum,
18 his qui servant testamentum ejus,
et memores sunt mandatorum ipsius ad faciendum ea.
19 Dominus in cælo paravit sedem suam,
et regnum ipsius omnibus dominabitur.

20 Benedicite Domino, omnes angeli ejus :
potentes virtute, facientes verbum illius,
ad audiendam vocem sermonum ejus.
21 Benedicite Domino, omnes virtutes ejus;
ministri ejus, qui facitis voluntatem ejus.
22 Benedicite Domino, omnia opera ejus:
in omni loco dominationis ejus,
benedic, anima mea, Domino.

103
1 Ipsi David.
Benedic, anima mea, Domino:
Domine Deus meus, magnificatus es vehementer.
Confessionem et decorem induisti,
2 amictus lumine sicut vestimento.
Extendens cælum sicut pellem,
3 qui tegis aquis superiora ejus:
qui ponis nubem ascensum tuum;
qui ambulas super pennas ventorum:
4 qui facis angelos tuos spiritus,
et ministros tuos ignem urentem.
5 Qui fundasti terram super stabilitatem suam:
non inclinabitur in sæculum sæculi.
6 Abyssus sicut vestimentum amictus ejus;
super montes stabunt aquæ.
7 Ab increpatione tua fugient;
a voce tonitrui tui formidabunt.
8 Ascendunt montes, et descendunt campi,
in locum quem fundasti eis.
9 Terminum posuisti quem non transgredientur,
neque convertentur operire terram.
10 Qui emittis fontes in convallibus;
inter medium montium pertransibunt aquæ.
11 Potabunt omnes bestiæ agri;
expectabunt onagri in siti sua.
12 Super ea volucres cæli habitabunt;

de medio petrarum dabunt voces.
13 Rigans montes de superioribus suis;
de fructu operum tuorum satiabitur terra:
14 producens fœnum jumentis,
et herbam servituti hominum,
ut educas panem de terra,
15 et vinum lætificet cor hominis:
ut exhilaret faciem in oleo,
et panis cor hominis confirmet.
16 Saturabuntur ligna campi,
et cedri Libani quas plantavit:
17 illic passeres nidificabunt:
herodii domus dux est eorum.
18 Montes excelsi cervis;
petra refugium herinaciis.
19 Fecit lunam in tempora;
sol cognovit occasum suum.
20 Posuisti tenebras, et facta est nox;
in ipsa pertransibunt omnes bestiæ silvæ:
21 catuli leonum rugientes ut rapiant,
et quærant a Deo escam sibi.
22 Ortus est sol, et congregati sunt,
et in cubilibus suis collocabuntur.
23 Exibit homo ad opus suum,
et ad operationem suam usque ad vesperum.
24 Quam magnificata sunt opera tua, Domine!
omnia in sapientia fecisti;
impleta est terra possessione tua.
25 Hoc mare magnum et spatiosum manibus;
illic reptilia quorum non est numerus:
animalia pusilla cum magnis.
26 Illic naves pertransibunt;
draco iste quem formasti ad illudendum ei.
27 Omnia a te expectant
ut des illis escam in tempore.
28 Dante te illis, colligent;

aperiente te manum tuam, omnia implebuntur bonitate.
29 Avertente autem te faciem, turbabuntur;
auferes spiritum eorum, et deficient,
et in pulverem suum revertentur.
30 Emittes spiritum tuum, et creabuntur,
et renovabis faciem terræ.
31 Sit gloria Domini in sæculum;
lætabitur Dominus in operibus suis.
32 Qui respicit terram, et facit eam tremere;
qui tangit montes, et fumigant.
33 Cantabo Domino in vita mea;
psallam Deo meo quamdiu sum.
34 Jucundum sit ei eloquium meum;
ego vero delectabor in Domino.
35 Deficiant peccatores a terra,
et iniqui, ita ut non sint.
Benedic, anima mea, Domino.

104
1 Alleluja.
Confitemini Domino, et invocate nomen ejus;
annuntiate inter gentes opera ejus.
2 Cantate ei, et psallite ei;
narrate omnia mirabilia ejus.
3 Laudamini in nomine sancto ejus;
lætetur cor quærentium Dominum.
4 Quærite Dominum, et confirmamini ;
quærite faciem ejus semper.
5 Mementote mirabilium ejus quæ fecit;
prodigia ejus, et judicia oris ejus:
6 semen Abraham servi ejus;
filii Jacob electi ejus.
7 Ipse Dominus Deus noster;
in universa terra judicia ejus.
8 Memor fuit in sæculum testamenti sui;
verbi quod mandavit in mille generationes:

9 quod disposuit ad Abraham,
et juramenti sui ad Isaac:
10 et statuit illud Jacob in præceptum,
et Israël in testamentum æternum,
11 dicens: Tibi dabo terram Chanaan,
funiculum hæreditatis vestræ:
12 cum essent numero brevi,
paucissimi, et incolæ ejus.
13 Et pertransierunt de gente in gentem,
et de regno ad populum alterum.
14 Non reliquit hominem nocere eis:
et corripuit pro eis reges.
15 Nolite tangere christos meos,
et in prophetis meis nolite malignari.
16 Et vocavit famem super terram,
et omne firmamentum panis contrivit.
17 Misit ante eos virum:
in servum venundatus est, Joseph.
18 Humiliaverunt in compedibus pedes ejus;
ferrum pertransiit animam ejus:
19 donec veniret verbum ejus.
Eloquium Domini inflammavit eum.
20 Misit rex, et solvit eum;
princeps populorum, et dimisit eum.
21 Constituit eum dominum domus suæ,
et principem omnis possessionis suæ:
22 ut erudiret principes ejus sicut semetipsum,
et senes ejus prudentiam doceret.
23 Et intravit Israël in Ægyptum,
et Jacob accola fuit in terra Cham.
24 Et auxit populum suum vehementer,
et firmavit eum super inimicos ejus.
25 Convertit cor eorum, ut odirent populum ejus,
et dolum facerent in servos ejus.
26 Misit Moysen servum suum;
Aaron quem elegit ipsum.

27 Posuit in eis verba signorum suorum,
et prodigiorum in terra Cham.
28 Misit tenebras, et obscuravit;
et non exacerbavit sermones suos.
29 Convertit aquas eorum in sanguinem,
et occidit pisces eorum.
30 Edidit terra eorum ranas
in penetralibus regum ipsorum.
31 Dixit, et venit cœnomyia et ciniphes
in omnibus finibus eorum.
32 Posuit pluvias eorum grandinem:
ignem comburentem in terra ipsorum.
33 Et percussit vineas eorum, et ficulneas eorum,
et contrivit lignum finium eorum.
34 Dixit, et venit locusta,
et bruchus cujus non erat numerus:
35 et comedit omne fœnum in terra eorum,
et comedit omnem fructum terræ eorum.
36 Et percussit omne primogenitum in terra eorum,
primitias omnis laboris eorum.
37 Et eduxit eos cum argento et auro,
et non erat in tribubus eorum infirmus.
38 Lætata est Ægyptus in profectione eorum,
quia incubuit timor eorum super eos.
39 Expandit nubem in protectionem eorum,
et ignem ut luceret eis per noctem.
40 Petierunt, et venit coturnix,
et pane cæli saturavit eos.
41 Dirupit petram, et fluxerunt aquæ:
abierunt in sicco flumina.
42 Quoniam memor fuit verbi sancti sui,
quod habuit ad Abraham puerum suum.
43 Et eduxit populum suum in exsultatione,
et electos suos in lætitia.
44 Et dedit illis regiones gentium,
et labores populorum possederunt:

45 ut custodiant justificationes ejus,
et legem ejus requirant.

105
1 Alleluja.
Confitemini Domino, quoniam bonus,
quoniam in sæculum misericordia ejus.
2 Quis loquetur potentias Domini ;
auditas faciet omnes laudes ejus?
3 Beati qui custodiunt judicium,
et faciunt justitiam in omni tempore.
4 Memento nostri, Domine, in beneplacito populi tui;
visita nos in salutari tuo:
5 ad videndum in bonitate electorum tuorum;
ad lætandum in lætitia gentis tuæ:
ut lauderis cum hæreditate tua.
6 Peccavimus cum patribus nostris:
injuste egimus ; iniquitatem fecimus.
7 Patres nostri in Ægypto non intellexerunt mirabilia tua;
non fuerunt memores multitudinis misericordiæ tuæ.
Et irritaverunt ascendentes in mare, mare Rubrum;
8 et salvavit eos propter nomen suum,
ut notam faceret potentiam suam.
9 Et increpuit mare Rubrum et exsiccatum est,
et deduxit eos in abyssis sicut in deserto.
10 Et salvavit eos de manu odientium,
et redemit eos de manu inimici.
11 Et operuit aqua tribulantes eos;
unus ex eis non remansit.
12 Et crediderunt verbis ejus,
et laudaverunt laudem ejus.
13 Cito fecerunt ; obliti sunt operum ejus:
et non sustinuerunt consilium ejus.
14 Et concupierunt concupiscentiam in deserto,
et tentaverunt Deum in inaquoso.
15 Et dedit eis petitionem ipsorum,

et misit saturitatem in animas eorum.
16 Et irritaverunt Moysen in castris;
Aaron, sanctum Domini.
17 Aperta est terra, et deglutivit Dathan,
et operuit super congregationem Abiron.
18 Et exarsit ignis in synagoga eorum:
flamma combussit peccatores.
19 Et fecerunt vitulum in Horeb,
et adoraverunt sculptile.
20 Et mutaverunt gloriam suam
in similitudinem vituli comedentis fœnum.
21 Obliti sunt Deum qui salvavit eos;
qui fecit magnalia in Ægypto,
22 mirabilia in terra Cham,
terribilia in mari Rubro.
23 Et dixit ut disperderet eos,
si non Moyses, electus ejus,
stetisset in confractione in conspectu ejus,
ut averteret iram ejus, ne disperderet eos.
24 Et pro nihilo habuerunt terram desiderabilem;
non crediderunt verbo ejus.
25 Et murmuraverunt in tabernaculis suis;
non exaudierunt vocem Domini.
26 Et elevavit manum suam super eos
ut prosterneret eos in deserto:
27 et ut dejiceret semen eorum in nationibus,
et dispergeret eos in regionibus.
28 Et initiati sunt Beelphegor,
et comederunt sacrificia mortuorum.
29 Et irritaverunt eum in adinventionibus suis,
et multiplicata est in eis ruina.
30 Et stetit Phinees, et placavit,
et cessavit quassatio.
31 Et reputatum est ei in justitiam,
in generationem et generationem usque in sempiternum.
32 Et irritaverunt eum ad aquas contradictionis,

et vexatus est Moyses propter eos:
33 quia exacerbaverunt spiritum ejus,
et distinxit in labiis suis.
34 Non disperdiderunt gentes
quas dixit Dominus illis:
35 et commisti sunt inter gentes,
et didicerunt opera eorum;
36 et servierunt sculptilibus eorum,
et factum est illis in scandalum.
37 Et immolaverunt filios suos et filias suas dæmoniis.
38 Et effuderunt sanguinem innocentem,
sanguinem filiorum suorum et filiarum suarum,
quas sacrificaverunt sculptilibus Chanaan.
Et infecta est terra in sanguinibus,
39 et contaminata est in operibus eorum:
et fornicati sunt in adinventionibus suis.
40 Et iratus est furore Dominus in populum suum,
et abominatus est hæreditatem suam.
41 Et tradidit eos in manus gentium;
et dominati sunt eorum qui oderunt eos.
42 Et tribulaverunt eos inimici eorum,
et humiliati sunt sub manibus eorum;
43 sæpe liberavit eos.
Ipsi autem exacerbaverunt eum in consilio suo,
et humiliati sunt in iniquitatibus suis.
44 Et vidit cum tribularentur,
et audivit orationem eorum.
45 Et memor fuit testamenti sui,
et pœnituit eum secundum multitudinem misericordiæ suæ:
46 et dedit eos in misericordias,
in conspectu omnium qui ceperant eos.
47 Salvos nos fac, Domine Deus noster,
et congrega nos de nationibus:
ut confiteamur nomini sancto tuo,
et gloriemur in laude tua.
48 Benedictus Dominus Deus Israël, a sæculo et usque in

sæculum;
et dicet omnis populus: Fiat, fiat.

106
1 Alleluja.
Confitemini Domino, quoniam bonus,
quoniam in sæculum misericordia ejus.
2 Dicant qui redempti sunt a Domino,
quos redemit de manu inimici,
et de regionibus congregavit eos,
3 a solis ortu, et occasu, ab aquilone, et mari.
4 Erraverunt in solitudine, in inaquoso ;
viam civitatis habitaculi non invenerunt.
5 Esurientes et sitientes,
anima eorum in ipsis defecit.
6 Et clamaverunt ad Dominum cum tribularentur,
et de necessitatibus eorum eripuit eos ;
7 et deduxit eos in viam rectam,
ut irent in civitatem habitationis.
8 Confiteantur Domino misericordiæ ejus,
et mirabilia ejus filiis hominum.
9 Quia satiavit animam inanem,
et animam esurientem satiavit bonis.
10 Sedentes in tenebris et umbra mortis;
vinctos in mendicitate et ferro.
11 Quia exacerbaverunt eloquia Dei,
et consilium Altissimi irritaverunt.
12 Et humiliatum est in laboribus cor eorum;
infirmati sunt, nec fuit qui adjuvaret.
13 Et clamaverunt ad Dominum cum tribularentur;
et de necessitatibus eorum liberavit eos.
14 Et eduxit eos de tenebris et umbra mortis,
et vincula eorum dirupit.
15 Confiteantur Domino misericordiæ ejus,
et mirabilia ejus filiis hominum.
16 Quia contrivit portas æreas,

et vectes ferreos confregit.
17 Suscepit eos de via iniquitatis eorum;
propter injustitias enim suas humiliati sunt.
18 Omnem escam abominata est anima eorum,
et appropinquaverunt usque ad portas mortis.
19 Et clamaverunt ad Dominum cum tribularentur,
et de necessitatibus eorum liberavit eos.
20 Misit verbum suum, et sanavit eos,
et eripuit eos de interitionibus eorum.
21 Confiteantur Domino misericordiæ ejus,
et mirabilia ejus filiis hominum.
22 Et sacrificent sacrificium laudis,
et annuntient opera ejus in exsultatione.
23 Qui descendunt mare in navibus,
facientes operationem in aquis multis :
24 ipsi viderunt opera Domini,
et mirabilia ejus in profundo.
25 Dixit, et stetit spiritus procellæ,
et exaltati sunt fluctus ejus.
26 Ascendunt usque ad cælos, et descendunt usque ad abyssos;
anima eorum in malis tabescebat.
27 Turbati sunt, et moti sunt sicut ebrius,
et omnis sapientia eorum devorata est.
28 Et clamaverunt ad Dominum cum tribularentur;
et de necessitatibus eorum eduxit eos.
29 Et statuit procellam ejus in auram,
et siluerunt fluctus ejus.
30 Et lætati sunt quia siluerunt;
et deduxit eos in portum voluntatis eorum.
31 Confiteantur Domino misericordiæ ejus,
et mirabilia ejus filiis hominum.
32 Et exaltent eum in ecclesia plebis,
et in cathedra seniorum laudent eum.
33 Posuit flumina in desertum,
et exitus aquarum in sitim;

34 terram fructiferam in salsuginem,
a malitia inhabitantium in ea.
35 Posuit desertum in stagna aquarum,
et terram sine aqua in exitus aquarum.
36 Et collocavit illic esurientes,
et constituerunt civitatem habitationis:
37 et seminaverunt agros et plantaverunt vineas,
et fecerunt fructum nativitatis.
38 Et benedixit eis, et multiplicati sunt nimis;
et jumenta eorum non minoravit.
39 Et pauci facti sunt et vexati sunt,
a tribulatione malorum et dolore.
40 Effusa est contemptio super principes:
et errare fecit eos in invio, et non in via.
41 Et adjuvit pauperem de inopia,
et posuit sicut oves familias.
42 Videbunt recti, et lætabuntur;
et omnis iniquitas oppilabit os suum.
43 Quis sapiens, et custodiet hæc,
et intelliget misericordias Domini?

107
 1 Canticum Psalmi, ipsi David.
2 Paratum cor meum, Deus, paratum cor meum;
cantabo, et psallam in gloria mea.
3 Exsurge, gloria mea; exsurge, psalterium et cithara;
exsurgam diluculo.
4 Confitebor tibi in populis, Domine,
et psallam tibi in nationibus:
5 quia magna est super cælos misericordia tua,
et usque ad nubes veritas tua.
6 Exaltare super cælos, Deus,
et super omnem terram gloria tua:
7 ut liberentur dilecti tui.
Salvum fac dextera tua, et exaudi me.
8 Deus locutus est in sancto suo:

Exsultabo, et dividam Sichimam;
et convallem tabernaculorum dimetiar.
9 Meus est Galaad, et meus est Manasses,
et Ephraim susceptio capitis mei.
Juda rex meus; 10 Moab lebes spei meæ:
in Idumæam extendam calceamentum meum;
mihi alienigenæ amici facti sunt.
11 Quis deducet me in civitatem munitam?
quis deducet me usque in Idumæam?
12 nonne tu, Deus, qui repulisti nos?
et non exibis, Deus, in virtutibus nostris?
13 Da nobis auxilium de tribulatione,
quia vana salus hominis.
14 In Deo faciemus virtutem;
et ipse ad nihilum deducet inimicos nostros.

108

1 In finem. Psalmus David.
2 Deus, laudem meam ne tacueris,
quia os peccatoris et os dolosi super me apertum est.
3 Locuti sunt adversum me lingua dolosa,
et sermonibus odii circumdederunt me:
et expugnaverunt me gratis.
4 Pro eo ut me diligerent, detrahebant mihi;
ego autem orabam.
5 Et posuerunt adversum me mala pro bonis,
et odium pro dilectione mea.
6 Constitue super eum peccatorem,
et diabolus stet a dextris ejus.
7 Cum judicatur, exeat condemnatus;
et oratio ejus fiat in peccatum.
8 Fiant dies ejus pauci,
et episcopatum ejus accipiat alter.
9 Fiant filii ejus orphani,
et uxor ejus vidua.
10 Nutantes transferantur filii ejus et mendicent,

et ejiciantur de habitationibus suis.
11 Scrutetur fœnerator omnem substantiam ejus,
et diripiant alieni labores ejus.
12 Non sit illi adjutor,
nec sit qui misereatur pupillis ejus.
13 Fiant nati ejus in interitum;
in generatione una deleatur nomen ejus.
14 In memoriam redeat iniquitas patrum ejus in conspectu Domini,
et peccatum matris ejus non deleatur.
15 Fiant contra Dominum semper,
et dispereat de terra memoria eorum:
16 pro eo quod non est recordatus facere misericordiam,
17 et persecutus est hominem inopem et mendicum,
et compunctum corde, mortificare.
18 Et dilexit maledictionem, et veniet ei;
et noluit benedictionem, et elongabitur ab eo.
Et induit maledictionem sicut vestimentum;
et intravit sicut aqua in interiora ejus,
et sicut oleum in ossibus ejus.
19 Fiat ei sicut vestimentum quo operitur,
et sicut zona qua semper præcingitur.
20 Hoc opus eorum qui detrahunt mihi apud Dominum,
et qui loquuntur mala adversus animam meam.
21 Et tu, Domine, Domine, fac mecum propter nomen tuum,
quia suavis est misericordia tua.
22 Libera me, quia egenus et pauper ego sum,
et cor meum conturbatum est intra me.
23 Sicut umbra cum declinat ablatus sum,
et excussus sum sicut locustæ.
24 Genua mea infirmata sunt a jejunio,
et caro mea immutata est propter oleum.
25 Et ego factus sum opprobrium illis;
viderunt me, et moverunt capita sua.
26 Adjuva me, Domine Deus meus;

salvum me fac secundum misericordiam tuam.
27 Et sciant quia manus tua hæc,
et tu, Domine, fecisti eam.
28 Maledicent illi, et tu benedices:
qui insurgunt in me confundantur;
servus autem tuus lætabitur.
29 Induantur qui detrahunt mihi pudore,
et operiantur sicut diploide confusione sua.
30 Confitebor Domino nimis in ore meo,
et in medio multorum laudabo eum:
31 quia astitit a dextris pauperis,
ut salvam faceret a persequentibus animam meam.

109
1 Psalmus David.
Dixit Dominus Domino meo:
Sede a dextris meis,
donec ponam inimicos tuos scabellum pedum tuorum.
2 Virgam virtutis tuæ emittet Dominus ex Sion:
dominare in medio inimicorum tuorum.
3 Tecum principium in die virtutis tuæ
in splendoribus sanctorum:
ex utero, ante luciferum, genui te.
4 Juravit Dominus, et non pœnitebit eum:
Tu es sacerdos in æternum
secundum ordinem Melchisedech.
5 Dominus a dextris tuis;
confregit in die iræ suæ reges.
6 Judicabit in nationibus, implebit ruinas;
conquassabit capita in terra multorum.
7 De torrente in via bibet;
propterea exaltabit caput.

110
1 Alleluja.
Confitebor tibi, Domine, in toto corde meo,
in consilio justorum, et congregatione.
2 Magna opera Domini:
exquisita in omnes voluntates ejus.
3 Confessio et magnificentia opus ejus,
et justitia ejus manet in sæculum sæculi.
4 Memoriam fecit mirabilium suorum,
misericors et miserator Dominus.
5 Escam dedit timentibus se;
memor erit in sæculum testamenti sui.
6 Virtutem operum suorum annuntiabit populo suo,
7 ut det illis hæreditatem gentium.
Opera manuum ejus veritas et judicium.
8 Fidelia omnia mandata ejus,
confirmata in sæculum sæculi,
facta in veritate et æquitate.
9 Redemptionem misit populo suo;
mandavit in æternum testamentum suum.
Sanctum et terribile nomen ejus.
10 Initium sapientiæ timor Domini;
intellectus bonus omnibus facientibus eum:
laudatio ejus manet in sæculum sæculi.

111
1 Alleluja, reversionis Aggæi et Zachariæ.
Beatus vir qui timet Dominum:
in mandatis ejus volet nimis.
2 Potens in terra erit semen ejus;
generatio rectorum benedicetur.
3 Gloria et divitiæ in domo ejus,
et justitia ejus manet in sæculum sæculi.
4 Exortum est in tenebris lumen rectis:

misericors, et miserator, et justus.
5 Jucundus homo qui miseretur et commodat;
disponet sermones suos in judicio:
6 quia in æternum non commovebitur.
7 In memoria æterna erit justus;
ab auditione mala non timebit.
Paratum cor ejus sperare in Domino,
8 confirmatum est cor ejus;
non commovebitur donec despiciat inimicos suos.
9 Dispersit, dedit pauperibus;
justitia ejus manet in sæculum sæculi:
cornu ejus exaltabitur in gloria.
10 Peccator videbit, et irascetur;
dentibus suis fremet et tabescet:
desiderium peccatorum peribit.

112
 1 Alleluja.
Laudate, pueri, Dominum;
laudate nomen Domini.
2 Sit nomen Domini benedictum
ex hoc nunc et usque in sæculum.
3 A solis ortu usque ad occasum
laudabile nomen Domini.
4 Excelsus super omnes gentes Dominus,
et super cælos gloria ejus.
5 Quis sicut Dominus Deus noster, qui in altis habitat,
6 et humilia respicit in cælo et in terra?
7 Suscitans a terra inopem,
et de stercore erigens pauperem:
8 ut collocet eum cum principibus,
cum principibus populi sui.
9 Qui habitare facit sterilem in domo,
matrem filiorum lætantem.

113
(113A)
 1 Alleluja.
In exitu Israël de Ægypto,
domus Jacob de populo barbaro,
2 facta est Judæa sanctificatio ejus;
Israël potestas ejus.
3 Mare vidit, et fugit;
Jordanis conversus est retrorsum.
4 Montes exsultaverunt ut arietes,
et colles sicut agni ovium.
5 Quid est tibi, mare, quod fugisti?
et tu, Jordanis, quia conversus es retrorsum?
6 montes, exsultastis sicut arietes?
et colles, sicut agni ovium?
7 A facie Domini mota est terra,
a facie Dei Jacob:
8 qui convertit petram in stagna aquarum,
et rupem in fontes aquarum.

(113B)
9 Non nobis, Domine, non nobis,
sed nomini tuo da gloriam:
10 super misericordia tua et veritate tua;
nequando dicant gentes:
Ubi est Deus eorum?
11 Deus autem noster in cælo;
omnia quæcumque voluit fecit.
12 Simulacra gentium argentum et aurum,
opera manuum hominum.
13 Os habent, et non loquentur;
oculos habent, et non videbunt.
14 Aures habent, et non audient;
nares habent, et non odorabunt.
15 Manus habent, et non palpabunt;
pedes habent, et non ambulabunt;

non clamabunt in gutture suo.
16 Similes illis fiant qui faciunt ea,
et omnes qui confidunt in eis.
17 Domus Israël speravit in Domino;
adjutor eorum et protector eorum est.
18 Domus Aaron speravit in Domino;
adjutor eorum et protector eorum est.
19 Qui timent Dominum speraverunt in Domino; adjutor eorum et protector eorum est.
20 Dominus memor fuit nostri,
et benedixit nobis.
Benedixit domui Israël;
benedixit domui Aaron.
21 Benedixit omnibus qui timent Dominum,
pusillis cum majoribus.
22 Adjiciat Dominus super vos,
super vos et super filios vestros.
23 Benedicti vos a Domino,
qui fecit cælum et terram.
24 Cælum cæli Domino;
terram autem dedit filiis hominum.
25 Non mortui laudabunt te, Domine,
neque omnes qui descendunt in infernum:
26 sed nos qui vivimus, benedicimus Domino,
ex hoc nunc et usque in sæculum.

114
1 Alleluja.
Dilexi, quoniam exaudiet Dominus
vocem orationis meæ.
2 Quia inclinavit aurem suam mihi,
et in diebus meis invocabo.
3 Circumdederunt me dolores mortis;
et pericula inferni invenerunt me.
Tribulationem et dolorem inveni,
4 et nomen Domini invocavi:

o Domine, libera animam meam.
5 Misericors Dominus et justus,
et Deus noster miseretur.
6 Custodiens parvulos Dominus;
humiliatus sum, et liberavit me.
7 Convertere, anima mea, in requiem tuam,
quia Dominus benefecit tibi :
8 quia eripuit animam meam de morte,
oculos meos a lacrimis,
pedes meos a lapsu.
9 Placebo Domino in regione vivorum.

115
1 Alleluja.
Credidi, propter quod locutus sum;
ego autem humiliatus sum nimis.
2 Ego dixi in excessu meo:
Omnis homo mendax.
3 Quid retribuam Domino
pro omnibus quæ retribuit mihi ?
4 Calicem salutaris accipiam,
et nomen Domini invocabo.
5 Vota mea Domino reddam
coram omni populo ejus.
6 Pretiosa in conspectu Domini
mors sanctorum ejus.
7 O Domine, quia ego servus tuus;
ego servus tuus, et filius ancillæ tuæ.
Dirupisti vincula mea:
8 tibi sacrificabo hostiam laudis,
et nomen Domini invocabo.
9 Vota mea Domino reddam
in conspectu omnis populi ejus;
10 in atriis domus Domini,
in medio tui, Jerusalem.

116
1 Alleluja.
Laudate Dominum, omnes gentes;
laudate eum, omnes populi.
2 Quoniam confirmata est super nos misericordia ejus,
et veritas Domini manet in æternum.

117
1 Alleluja.
Confitemini Domino, quoniam bonus,
quoniam in sæculum misericordia ejus.
2 Dicat nunc Israël : Quoniam bonus,
quoniam in sæculum misericordia ejus.
3 Dicat nunc domus Aaron:
Quoniam in sæculum misericordia ejus.
4 Dicant nunc qui timent Dominum:
Quoniam in sæculum misericordia ejus.
5 De tribulatione invocavi Dominum,
et exaudivit me in latitudine Dominus.
6 Dominus mihi adjutor;
non timebo quid faciat mihi homo.
7 Dominus mihi adjutor,
et ego despiciam inimicos meos.
8 Bonum est confidere in Domino,
quam confidere in homine.
9 Bonum est sperare in Domino,
quam sperare in principibus.
10 Omnes gentes circuierunt me,
et in nomine Domini, quia ultus sum in eos.
11 Circumdantes circumdederunt me,
et in nomine Domini, quia ultus sum in eos.
12 Circumdederunt me sicut apes,
et exarserunt sicut ignis in spinis:
et in nomine Domini, quia ultus sum in eos.
13 Impulsus eversus sum, ut caderem,
et Dominus suscepit me.

14 Fortitudo mea et laus mea Dominus,
et factus est mihi in salutem.
15 Vox exsultationis et salutis
in tabernaculis justorum.
16 Dextera Domini fecit virtutem;
dextera Domini exaltavit me :
dextera Domini fecit virtutem.
17 Non moriar, sed vivam,
et narrabo opera Domini.
18 Castigans castigavit me Dominus,
et morti non tradidit me.
19 Aperite mihi portas justitiæ:
ingressus in eas confitebor Domino.
20 Hæc porta Domini:
justi intrabunt in eam.
21 Confitebor tibi quoniam exaudisti me,
et factus es mihi in salutem.
22 Lapidem quem reprobaverunt ædificantes,
hic factus est in caput anguli.
23 A Domino factum est istud,
et est mirabile in oculis nostris.
24 Hæc est dies quam fecit Dominus;
exsultemus, et lætemur in ea.
25 O Domine, salvum me fac;
o Domine, bene prosperare.
26 Benedictus qui venit in nomine Domini:
benediximus vobis de domo Domini.
27 Deus Dominus, et illuxit nobis.
Constituite diem solemnem in condensis,
usque ad cornu altaris.
28 Deus meus es tu, et confitebor tibi;
Deus meus es tu, et exaltabo te.
Confitebor tibi quoniam exaudisti me,
et factus es mihi in salutem.
29 Confitemini Domino, quoniam bonus,
quoniam in sæculum misericordia ejus.

118

1 Alleluja.
Aleph. Beati immaculati in via,
qui ambulant in lege Domini.
2 Beati qui scrutantur testimonia ejus;
in toto corde exquirunt eum.
3 Non enim qui operantur iniquitatem
in viis ejus ambulaverunt.
4 Tu mandasti mandata tua
custodiri nimis.
5 Utinam dirigantur viæ meæ
ad custodiendas justificationes tuas.
6 Tunc non confundar,
cum perspexero in omnibus mandatis tuis.
7 Confitebor tibi in directione cordis,
in eo quod didici judicia justitiæ tuæ.
8 Justificationes tuas custodiam;
non me derelinquas usquequaque.
9 **Beth.** In quo corrigit adolescentior viam suam?
in custodiendo sermones tuos.
10 In toto corde meo exquisivi te;
ne repellas me a mandatis tuis.
11 In corde meo abscondi eloquia tua,
ut non peccem tibi.
12 Benedictus es, Domine;
doce me justificationes tuas.
13 In labiis meis pronuntiavi omnia judicia oris tui.
14 In via testimoniorum tuorum delectatus sum,
sicut in omnibus divitiis.
15 In mandatis tuis exercebor,
et considerabo vias tuas.
16 In justificationibus tuis meditabor :
non obliviscar sermones tuos.
17 **Ghimel.** Retribue servo tuo, vivifica me,

et custodiam sermones tuos.
18 Revela oculos meos,
et considerabo mirabilia de lege tua.
19 Incola ego sum in terra:
non abscondas a me mandata tua.
20 Concupivit anima mea
desiderare justificationes tuas in omni tempore.
21 Increpasti superbos;
maledicti qui declinant a mandatis tuis.
22 Aufer a me opprobrium et contemptum,
quia testimonia tua exquisivi.
23 Etenim sederunt principes, et adversum me loquebantur;
servus autem tuus exercebatur in justificationibus tuis.
24 Nam et testimonia tua meditatio mea est,
et consilium meum justificationes tuæ.
25 **Daleth.** Adhæsit pavimento anima mea:
vivifica me secundum verbum tuum.
26 Vias meas enuntiavi, et exaudisti me;
doce me justificationes tuas.
27 Viam justificationum tuarum instrue me,
et exercebor in mirabilibus tuis.
28 Dormitavit anima mea præ tædio:
confirma me in verbis tuis.
29 Viam iniquitatis amove a me,
et de lege tua miserere mei.
30 Viam veritatis elegi;
judicia tua non sum oblitus.
31 Adhæsi testimoniis tuis, Domine;
noli me confundere.
32 Viam mandatorum tuorum cucurri,
cum dilatasti cor meum.
33 **He.** Legem pone mihi, Domine, viam justificationum tuarum,
et exquiram eam semper.
34 Da mihi intellectum, et scrutabor legem tuam,
et custodiam illam in toto corde meo.

35 Deduc me in semitam mandatorum tuorum,
quia ipsam volui.
36 Inclina cor meum in testimonia tua,
et non in avaritiam.
37 Averte oculos meos, ne videant vanitatem;
in via tua vivifica me.
38 Statue servo tuo eloquium tuum
in timore tuo.
39 Amputa opprobrium meum quod suspicatus sum,
quia judicia tua jucunda.
40 Ecce concupivi mandata tua:
in æquitate tua vivifica me.
41 **Vau.** Et veniat super me misericordia tua, Domine;
salutare tuum secundum eloquium tuum.
42 Et respondebo exprobrantibus mihi verbum,
quia speravi in sermonibus tuis.
43 Et ne auferas de ore meo verbum veritatis usquequaque,
quia in judiciis tuis supersperavi.
44 Et custodiam legem tuam semper,
in sæculum et in sæculum sæculi.
45 Et ambulabam in latitudine,
quia mandata tua exquisivi.
46 Et loquebar in testimoniis tuis in conspectu regum,
et non confundebar.
47 Et meditabar in mandatis tuis,
quæ dilexi.
48 Et levavi manus meas ad mandata tua, quæ dilexi,
et exercebar in justificationibus tuis.
49 **Zain.** Memor esto verbi tui servo tuo,
in quo mihi spem dedisti.
50 Hæc me consolata est in humilitate mea,
quia eloquium tuum vivificavit me.
51 Superbi inique agebant usquequaque;
a lege autem tua non declinavi.
52 Memor fui judiciorum tuorum a sæculo, Domine,
et consolatus sum.

53 Defectio tenuit me,
pro peccatoribus derelinquentibus legem tuam.
54 Cantabiles mihi erant justificationes tuæ
in loco peregrinationis meæ.
55 Memor fui nocte nominis tui, Domine,
et custodivi legem tuam.
56 Hæc facta est mihi,
quia justificationes tuas exquisivi.
57 **Heth.** Portio mea, Domine,
dixi custodire legem tuam.
58 Deprecatus sum faciem tuam in toto corde meo;
miserere mei secundum eloquium tuum.
59 Cogitavi vias meas,
et converti pedes meos in testimonia tua.
60 Paratus sum, et non sum turbatus,
ut custodiam mandata tua.
61 Funes peccatorum circumplexi sunt me,
et legem tuam non sum oblitus.
62 Media nocte surgebam ad confitendum tibi,
super judicia justificationis tuæ.
63 Particeps ego sum omnium timentium te,
et custodientium mandata tua.
64 Misericordia tua, Domine, plena est terra ;
justificationes tuas doce me.
65 **Teth.** Bonitatem fecisti cum servo tuo, Domine,
secundum verbum tuum.
66 Bonitatem, et disciplinam, et scientiam doce me,
quia mandatis tuis credidi.
67 Priusquam humiliarer ego deliqui:
propterea eloquium tuum custodivi.
68 Bonus es tu, et in bonitate tua
doce me justificationes tuas.
69 Multiplicata est super me iniquitas superborum;
ego autem in toto corde meo scrutabor mandata tua.
70 Coagulatum est sicut lac cor eorum;
ego vero legem tuam meditatus sum.

71 Bonum mihi quia humiliasti me,
ut discam justificationes tuas.
72 Bonum mihi lex oris tui,
super millia auri et argenti.
73 **Jod.** Manus tuæ fecerunt me, et plasmaverunt me:
da mihi intellectum, et discam mandata tua.
74 Qui timent te videbunt me et lætabuntur,
quia in verba tua supersperavi.
75 Cognovi, Domine, quia æquitas judicia tua,
et in veritate tua humiliasti me.
76 Fiat misericordia tua ut consoletur me,
secundum eloquium tuum servo tuo.
77 Veniant mihi miserationes tuæ, et vivam,
quia lex tua meditatio mea est.
78 Confundantur superbi, quia injuste iniquitatem fecerunt in me;
ego autem exercebor in mandatis tuis.
79 Convertantur mihi timentes te,
et qui noverunt testimonia tua.
80 Fiat cor meum immaculatum in justificationibus tuis,
ut non confundar.
81 **Caph.** Defecit in salutare tuum anima mea,
et in verbum tuum supersperavi.
82 Defecerunt oculi mei in eloquium tuum,
dicentes : Quando consolaberis me?
83 Quia factus sum sicut uter in pruina;
justificationes tuas non sum oblitus.
84 Quot sunt dies servi tui?
quando facies de persequentibus me judicium?
85 Narraverunt mihi iniqui fabulationes,
sed non ut lex tua.
86 Omnia mandata tua veritas:
inique persecuti sunt me, adjuva me.
87 Paulominus consummaverunt me in terra;
ego autem non dereliqui mandata tua.
88 Secundum misericordiam tuam vivifica me,

et custodiam testimonia oris tui.
89 **Lamed.** In æternum, Domine,
verbum tuum permanet in cælo.
90 In generationem et generationem veritas tua;
fundasti terram, et permanet.
91 Ordinatione tua perseverat dies,
quoniam omnia serviunt tibi.
92 Nisi quod lex tua meditatio mea est,
tunc forte periissem in humilitate mea.
93 In æternum non obliviscar justificationes tuas,
quia in ipsis vivificasti me.
94 Tuus sum ego ; salvum me fac:
quoniam justificationes tuas exquisivi.
95 Me exspectaverunt peccatores ut perderent me;
testimonia tua intellexi.
96 Omnis consummationis vidi finem,
latum mandatum tuum nimis.
97 **Mem.** Quomodo dilexi legem tuam, Domine!
tota die meditatio mea est.
98 Super inimicos meos prudentem me fecisti mandato tuo,
quia in æternum mihi est.
99 Super omnes docentes me intellexi,
quia testimonia tua meditatio mea est.
100 Super senes intellexi,
quia mandata tua quæsivi.
101 Ab omni via mala prohibui pedes meos,
ut custodiam verba tua.
102 A judiciis tuis non declinavi,
quia tu legem posuisti mihi.
103 Quam dulcia faucibus meis eloquia tua!
super mel ori meo.
104 A mandatis tuis intellexi;
propterea odivi omnem viam iniquitatis.
105 **Nun.** Lucerna pedibus meis verbum tuum,
et lumen semitis meis.
106 Juravi et statui

custodire judicia justitiæ tuæ.
107 Humiliatus sum usquequaque, Domine;
vivifica me secundum verbum tuum.
108 Voluntaria oris mei beneplacita fac, Domine,
et judicia tua doce me.
109 Anima mea in manibus meis semper,
et legem tuam non sum oblitus.
110 Posuerunt peccatores laqueum mihi,
et de mandatis tuis non erravi.
111 Hæreditate acquisivi testimonia tua in æternum,
quia exsultatio cordis mei sunt.
112 Inclinavi cor meum ad faciendas justificationes tuas in æternum,
propter retributionem.
113 **Samech.** Iniquos odio habui,
et legem tuam dilexi.
114 Adjutor et susceptor meus es tu,
et in verbum tuum supersperavi.
115 Declinate a me, maligni,
et scrutabor mandata Dei mei.
116 Suscipe me secundum eloquium tuum, et vivam,
et non confundas me ab exspectatione mea.
117 Adjuva me, et salvus ero,
et meditabor in justificationibus tuis semper.
118 Sprevisti omnes discedentes a judiciis tuis,
quia injusta cogitatio eorum.
119 Prævaricantes reputavi omnes peccatores terræ;
ideo dilexi testimonia tua.
120 Confige timore tuo carnes meas;
a judiciis enim tuis timui.
121 **Ain.** Feci judicium et justitiam:
non tradas me calumniantibus me.
122 Suscipe servum tuum in bonum:
non calumnientur me superbi.
123 Oculi mei defecerunt in salutare tuum,
et in eloquium justitiæ tuæ.

124 Fac cum servo tuo secundum misericordiam tuam,
et justificationes tuas doce me.
125 Servus tuus sum ego: da mihi intellectum,
ut sciam testimonia tua.
126 Tempus faciendi, Domine:
dissipaverunt legem tuam.
127 Ideo dilexi mandata tua
super aurum et topazion.
128 Propterea ad omnia mandata tua dirigebar;
omnem viam iniquam odio habui.
129 **Phe.** Mirabilia testimonia tua:
ideo scrutata est ea anima mea.
130 Declaratio sermonum tuorum illuminat,
et intellectum dat parvulis.
131 Os meum aperui, et attraxi spiritum:
quia mandata tua desiderabam.
132 Aspice in me, et miserere mei,
secundum judicium diligentium nomen tuum.
133 Gressus meos dirige secundum eloquium tuum,
et non dominetur mei omnis injustitia.
134 Redime me a calumniis hominum
ut custodiam mandata tua.
135 Faciem tuam illumina super servum tuum,
et doce me justificationes tuas.
136 Exitus aquarum deduxerunt oculi mei,
quia non custodierunt legem tuam.
137 **Sade.** Justus es, Domine,
et rectum judicium tuum.
138 Mandasti justitiam testimonia tua,
et veritatem tuam nimis.
139 Tabescere me fecit zelus meus,
quia obliti sunt verba tua inimici mei.
140 Ignitum eloquium tuum vehementer,
et servus tuus dilexit illud.
141 Adolescentulus sum ego et contemptus;
justificationes tuas non sum oblitus.

142 Justitia tua, justitia in æternum,
et lex tua veritas.
143 Tribulatio et angustia invenerunt me;
mandata tua meditatio mea est.
144 Æquitas testimonia tua in æternum:
intellectum da mihi, et vivam.
145 **Coph.** Clamavi in toto corde meo: exaudi me, Domine;
justificationes tuas requiram.
146 Clamavi ad te; salvum me fac:
ut custodiam mandata tua.
147 Præveni in maturitate, et clamavi:
quia in verba tua supersperavi.
148 Prævenerunt oculi mei ad te diluculo,
ut meditarer eloquia tua.
149 Vocem meam audi secundum misericordiam tuam,
Domine,
et secundum judicium tuum vivifica me.
150 Appropinquaverunt persequentes me iniquitati:
a lege autem tua longe facti sunt.
151 Prope es tu, Domine,
et omnes viæ tuæ veritas.
152 Initio cognovi de testimoniis tuis,
quia in æternum fundasti ea.
153 **Res.** Vide humilitatem meam, et eripe me,
quia legem tuam non sum oblitus.
154 Judica judicium meum, et redime me:
propter eloquium tuum vivifica me.
155 Longe a peccatoribus salus,
quia justificationes tuas non exquisierunt.
156 Misericordiæ tuæ multæ, Domine;
secundum judicium tuum vivifica me.
157 Multi qui persequuntur me, et tribulant me;
a testimoniis tuis non declinavi.
158 Vidi prævaricantes et tabescebam,
quia eloquia tua non custodierunt.
159 Vide quoniam mandata tua dilexi, Domine:

in misericordia tua vivifica me.
160 Principium verborum tuorum veritas;
in æternum omnia judicia justitiæ tuæ.
161 **Sin.** Principes persecuti sunt me gratis,
et a verbis tuis formidavit cor meum.
162 Lætabor ego super eloquia tua,
sicut qui invenit spolia multa.
163 Iniquitatem odio habui, et abominatus sum,
legem autem tuam dilexi.
164 Septies in die laudem dixi tibi,
super judicia justitiæ tuæ.
165 Pax multa diligentibus legem tuam,
et non est illis scandalum.
166 Exspectabam salutare tuum, Domine,
et mandata tua dilexi.
167 Custodivit anima mea testimonia tua,
et dilexit ea vehementer.
168 Servavi mandata tua et testimonia tua,
quia omnes viæ meæ in conspectu tuo.
169 **Tau.** Appropinquet deprecatio mea in conspectu tuo,
Domine;
juxta eloquium tuum da mihi intellectum.
170 Intret postulatio mea in conspectu tuo;
secundum eloquium tuum eripe me.
171 Eructabunt labia mea hymnum,
cum docueris me justificationes tuas.
172 Pronuntiabit lingua mea eloquium tuum,
quia omnia mandata tua æquitas.
173 Fiat manus tua ut salvet me,
quoniam mandata tua elegi.
174 Concupivi salutare tuum, Domine,
et lex tua meditatio mea est.
175 Vivet anima mea, et laudabit te,
et judicia tua adjuvabunt me.
176 Erravi sicut ovis quæ periit: quære servum tuum,
quia mandata tua non sum oblitus.

119

1 Canticum graduum.
Ad Dominum cum tribularer clamavi,
et exaudivit me.
2 Domine, libera animam meam a labiis iniquis
et a lingua dolosa.
3 Quid detur tibi, aut quid apponatur tibi
ad linguam dolosam ?
4 Sagittæ potentis acutæ,
cum carbonibus desolatoriis.
5 Heu mihi, quia incolatus meus prolongatus est!
habitavi cum habitantibus Cedar ;
6 multum incola fuit anima mea.
7 Cum his qui oderunt pacem eram pacificus;
cum loquebar illis, impugnabant me gratis.

120

1 Canticum graduum.
Levavi oculos meos in montes,
unde veniet auxilium mihi.
2 Auxilium meum a Domino,
qui fecit cælum et terram.
3 Non det in commotionem pedem tuum,
neque dormitet qui custodit te.
4 Ecce non dormitabit neque dormiet
qui custodit Israël.
5 Dominus custodit te;
Dominus protectio tua super manum dexteram tuam.
6 Per diem sol non uret te,
neque luna per noctem.
7 Dominus custodit te ab omni malo ;
custodiat animam tuam Dominus.
8 Dominus custodiat introitum tuum et exitum tuum,
ex hoc nunc et usque in sæculum.

121
1 Canticum graduum.
Lætatus sum in his quæ dicta sunt mihi :
In domum Domini ibimus.
2 Stantes erant pedes nostri
in atriis tuis, Jerusalem.
3 Jerusalem, quæ ædificatur ut civitas,
cujus participatio ejus in idipsum.
4 Illuc enim ascenderunt tribus, tribus Domini:
testimonium Israël,
ad confitendum nomini Domini.
5 Quia illic sederunt sedes in judicio,
sedes super domum David.
6 Rogate quæ ad pacem sunt Jerusalem,
et abundantia diligentibus te.
7 Fiat pax in virtute tua,
et abundantia in turribus tuis.
8 Propter fratres meos et proximos meos,
loquebar pacem de te.
9 Propter domum Domini Dei nostri,
quæsivi bona tibi.

122
1 Canticum graduum.
Ad te levavi oculos meos,
qui habitas in cælis.
2 Ecce sicut oculi servorum
in manibus dominorum suorum;
sicut oculi ancillæ
in manibus dominæ suæ:
ita oculi nostri ad Dominum Deum nostrum,
donec misereatur nostri.
3 Miserere nostri, Domine, miserere nostri,
quia multum repleti sumus despectione;
4 quia multum repleta est anima nostra
opprobrium abundantibus, et despectio superbis.

123

1 Canticum graduum.
Nisi quia Dominus erat in nobis,
dicat nunc Israël,
2 nisi quia Dominus erat in nobis:
cum exsurgerent homines in nos,
3 forte vivos deglutissent nos;
cum irasceretur furor eorum in nos,
4 forsitan aqua absorbuisset nos;
5 torrentem pertransivit anima nostra;
forsitan pertransisset anima nostra
aquam intolerabilem.
6 Benedictus Dominus, qui non dedit nos
in captionem dentibus eorum.
7 Anima nostra sicut passer erepta est
de laqueo venantium;
laqueus contritus est,
et nos liberati sumus.
8 Adjutorium nostrum in nomine Domini,
qui fecit cælum et terram.

124

1 Canticum graduum.
Qui confidunt in Domino, sicut mons Sion :
non commovebitur in æternum,
qui habitat 2 in Jerusalem.
Montes in circuitu ejus;
et Dominus in circuitu populi sui,
ex hoc nunc et usque in sæculum.
3 Quia non relinquet Dominus virgam peccatorum
super sortem justorum:
ut non extendant justi
ad iniquitatem manus suas,
4 benefac, Domine, bonis,
et rectis corde.

5 Declinantes autem in obligationes,
adducet Dominus cum operantibus iniquitatem.
Pax super Israël!

125
1 Canticum graduum.
In convertendo Dominus captivitatem Sion,
facti sumus sicut consolati.
2 Tunc repletum est gaudio os nostrum,
et lingua nostra exsultatione.
Tunc dicent inter gentes:
Magnificavit Dominus facere cum eis.
3 Magnificavit Dominus facere nobiscum ;
facti sumus lætantes.
4 Converte, Domine, captivitatem nostram,
sicut torrens in austro.
5 Qui seminant in lacrimis,
in exsultatione metent.
6 Euntes ibant et flebant,
mittentes semina sua.
Venientes autem venient cum exsultatione,
portantes manipulos suos.

126
1 Canticum graduum Salomonis.
Nisi Dominus ædificaverit domum,
in vanum laboraverunt qui ædificant eam.
Nisi Dominus custodierit civitatem,
frustra vigilat qui custodit eam.
2 Vanum est vobis ante lucem surgere :
surgite postquam sederitis,
qui manducatis panem doloris.
Cum dederit dilectis suis somnum,
3 ecce hæreditas Domini, filii ;
merces, fructus ventris.
4 Sicut sagittæ in manu potentis,

ita filii excussorum.
5 Beatus vir qui implevit desiderium suum ex ipsis:
non confundetur cum loquetur inimicis suis in porta.

127
1 Canticum graduum.
Beati omnes qui timent Dominum,
qui ambulant in viis ejus.
2 Labores manuum tuarum quia manducabis:
beatus es, et bene tibi erit.
3 Uxor tua sicut vitis abundans
in lateribus domus tuæ;
filii tui sicut novellæ olivarum
in circuitu mensæ tuæ.
4 Ecce sic benedicetur homo
qui timet Dominum.
5 Benedicat tibi Dominus ex Sion,
et videas bona Jerusalem omnibus diebus vitæ tuæ.
6 Et videas filios filiorum tuorum :
pacem super Israël.

128
1 Canticum graduum.
Sæpe expugnaverunt me a juventute mea,
dicat nunc Israël;
2 sæpe expugnaverunt me a juventute mea:
etenim non potuerunt mihi.
3 Supra dorsum meum fabricaverunt peccatores;
prolongaverunt iniquitatem suam.
4 Dominus justus
concidit cervices peccatorum.
5 Confundantur, et convertantur retrorsum
omnes qui oderunt Sion.
6 Fiant sicut fœnum tectorum,

quod priusquam evellatur exaruit :
7 de quo non implevit manum suam qui metit,
et sinum suum qui manipulos colligit.
8 Et non dixerunt qui præteribant:
Benedictio Domini super vos.
Benediximus vobis in nomine Domini.

129
1 Canticum graduum.
De profundis clamavi ad te, Domine;
2 Domine, exaudi vocem meam.
Fiant aures tuæ intendentes in vocem deprecationis meæ.
3 Si iniquitates observaveris, Domine,
Domine, quis sustinebit ?
4 Quia apud te propitiatio est;
et propter legem tuam sustinui te, Domine.
Sustinuit anima mea in verbo ejus:
5 speravit anima mea in Domino.
6 A custodia matutina usque ad noctem,
speret Israël in Domino.
7 Quia apud Dominum misericordia,
et copiosa apud eum redemptio.
8 Et ipse redimet Israël
ex omnibus iniquitatibus ejus.

130
1 Canticum graduum David.
Domine, non est exaltatum cor meum,
neque elati sunt oculi mei,
neque ambulavi in magnis,
neque in mirabilibus super me.
2 Si non humiliter sentiebam,
sed exaltavi animam meam:
sicut ablactatus est super matre sua,
ita retributio in anima mea.

3 Speret Israël in Domino,
ex hoc nunc et usque in sæculum.

131
1 Canticum graduum.
Memento, Domine, David,
et omnis mansuetudinis ejus:
2 sicut juravit Domino;
votum vovit Deo Jacob:
3 Si introiero in tabernaculum domus meæ;
si ascendero in lectum strati mei;
4 si dedero somnum oculis meis,
et palpebris meis dormitationem,
5 et requiem temporibus meis,
donec inveniam locum Domino,
tabernaculum Deo Jacob.
6 Ecce audivimus eam in Ephrata;
invenimus eam in campis silvæ.
7 Introibimus in tabernaculum ejus;
adorabimus in loco ubi steterunt pedes ejus.
8 Surge, Domine, in requiem tuam,
tu et arca sanctificationis tuæ.
9 Sacerdotes tui induantur justitiam,
et sancti tui exsultent.
10 Propter David servum tuum
non avertas faciem christi tui.
11 Juravit Dominus David veritatem,
et non frustrabitur eam:
De fructu ventris tui
ponam super sedem tuam.
12 Si custodierint filii tui testamentum meum,
et testimonia mea hæc quæ docebo eos,
et filii eorum usque in sæculum
sedebunt super sedem tuam.

13 Quoniam elegit Dominus Sion:
elegit eam in habitationem sibi.
14 Hæc requies mea in sæculum sæculi ;
hic habitabo, quoniam elegi eam.
15 Viduam ejus benedicens benedicam;
pauperes ejus saturabo panibus.
16 Sacerdotes ejus induam salutari,
et sancti ejus exsultatione exsultabunt.
17 Illuc producam cornu David;
paravi lucernam christo meo.
18 Inimicos ejus induam confusione ;
super ipsum autem efflorebit sanctificatio mea.

132
 1 Canticum graduum David.
Ecce quam bonum et quam jucundum,
habitare fratres in unum!
2 Sicut unguentum in capite,
quod descendit in barbam, barbam Aaron,
quod descendit in oram vestimenti ejus;
3 sicut ros Hermon,
qui descendit in montem Sion.
Quoniam illic mandavit Dominus benedictionem,
et vitam usque in sæculum.

133
 1 Canticum graduum.
Ecce nunc benedicite Dominum, omnes servi Domini :
qui statis in domo Domini,
in atriis domus Dei nostri.
2 In noctibus extollite manus vestras in sancta,
et benedicite Dominum.
3 Benedicat te Dominus ex Sion,
qui fecit cælum et terram.

134
1 Alleluja.
Laudate nomen Domini;
laudate, servi, Dominum:
2 qui statis in domo Domini,
in atriis domus Dei nostri.
3 Laudate Dominum, quia bonus Dominus;
psallite nomini ejus, quoniam suave.
4 Quoniam Jacob elegit sibi Dominus;
Israël in possessionem sibi.
5 Quia ego cognovi quod magnus est Dominus,
et Deus noster præ omnibus diis.
6 Omnia quæcumque voluit Dominus fecit,
in cælo, in terra, in mari et in omnibus abyssis.
7 Educens nubes ab extremo terræ,
fulgura in pluviam fecit;
qui producit ventos de thesauris suis.
8 Qui percussit primogenita Ægypti,
ab homine usque ad pecus.
9 Et misit signa et prodigia in medio tui, Ægypte:
in Pharaonem, et in omnes servos ejus.
10 Qui percussit gentes multas,
et occidit reges fortes:
11 Sehon, regem Amorrhæorum, et Og, regem Basan,
et omnia regna Chanaan:
12 et dedit terram eorum hæreditatem,
hæreditatem Israël populo suo.
13 Domine, nomen tuum in æternum;
Domine, memoriale tuum in generationem et generationem.
14 Quia judicabit Dominus populum suum,
et in servis suis deprecabitur.
15 Simulacra gentium argentum et aurum,
opera manuum hominum.
16 Os habent, et non loquentur;
oculos habent, et non videbunt.

17 Aures habent, et non audient;
neque enim est spiritus in ore ipsorum.
18 Similes illis fiant qui faciunt ea,
et omnes qui confidunt in eis.
19 Domus Israël, benedicite Domino;
domus Aaron, benedicite Domino.
20 Domus Levi, benedicite Domino;
qui timetis Dominum, benedicite Domino.
21 Benedictus Dominus ex Sion,
qui habitat in Jerusalem.

135
1 Alleluja.
Confitemini Domino, quoniam bonus,
quoniam in æternum misericordia ejus.
2 Confitemini Deo deorum,
quoniam in æternum misericordia ejus.
3 Confitemini Domino dominorum,
quoniam in æternum misericordia ejus.
4 Qui facit mirabilia magna solus,
quoniam in æternum misericordia ejus.
5 Qui fecit cælos in intellectu,
quoniam in æternum misericordia ejus.
6 Qui firmavit terram super aquas,
quoniam in æternum misericordia ejus.
7 Qui fecit luminaria magna,
quoniam in æternum misericordia ejus:
8 solem in potestatem diei,
quoniam in æternum misericordia ejus;
9 lunam et stellas in potestatem noctis,
quoniam in æternum misericordia ejus.
10 Qui percussit Ægyptum cum primogenitis eorum,
quoniam in æternum misericordia ejus.
11 Qui eduxit Israël de medio eorum,
quoniam in æternum misericordia ejus,
12 in manu potenti et brachio excelso,

quoniam in æternum misericordia ejus.
13 Qui divisit mare Rubrum in divisiones,
quoniam in æternum misericordia ejus;
14 et eduxit Israël per medium ejus,
quoniam in æternum misericordia ejus;
15 et excussit Pharaonem et virtutem ejus in mari Rubro,
quoniam in æternum misericordia ejus.
16 Qui traduxit populum suum per desertum,
quoniam in æternum misericordia ejus.
17 Qui percussit reges magnos,
quoniam in æternum misericordia ejus;
18 et occidit reges fortes,
quoniam in æternum misericordia ejus:
19 Sehon, regem Amorrhæorum,
quoniam in æternum misericordia ejus;
20 et Og, regem Basan,
quoniam in æternum misericordia ejus:
21 et dedit terram eorum hæreditatem,
quoniam in æternum misericordia ejus;
22 hæreditatem Israël, servo suo,
quoniam in æternum misericordia ejus.
23 Quia in humilitate nostra memor fuit nostri,
quoniam in æternum misericordia ejus;
24 et redemit nos ab inimicis nostris,
quoniam in æternum misericordia ejus.
25 Qui dat escam omni carni,
quoniam in æternum misericordia ejus.
26 Confitemini Deo cæli,
quoniam in æternum misericordia ejus.
Confitemini Domino dominorum,
quoniam in æternum misericordia ejus.

136
1 Psalmus David, Jeremiæ.
Super flumina Babylonis illic sedimus et flevimus,
cum recordaremur Sion.

2 In salicibus in medio ejus
suspendimus organa nostra:
3 quia illic interrogaverunt nos, qui captivos duxerunt nos,
verba cantionum;
et qui abduxerunt nos:
Hymnum cantate nobis de canticis Sion.
4 Quomodo cantabimus canticum Domini
in terra aliena?
5 Si oblitus fuero tui, Jerusalem,
oblivioni detur dextera mea.
6 Adhæreat lingua mea faucibus meis,
si non meminero tui ;
si non proposuero Jerusalem
in principio lætitiæ meæ.
7 Memor esto, Domine, filiorum Edom,
in die Jerusalem:
qui dicunt : Exinanite, exinanite
usque ad fundamentum in ea.
8 Filia Babylonis misera! beatus qui retribuet tibi
retributionem tuam quam retribuisti nobis.
9 Beatus qui tenebit,
et allidet parvulos tuos ad petram.

137
1 Ipsi David.
Confitebor tibi, Domine, in toto corde meo,
quoniam audisti verba oris mei.
In conspectu angelorum psallam tibi;
2 adorabo ad templum sanctum tuum,
et confitebor nomini tuo:
super misericordia tua et veritate tua;
quoniam magnificasti super omne, nomen sanctum tuum.
3 In quacumque die invocavero te, exaudi me;
multiplicabis in anima mea virtutem.
4 Confiteantur tibi, Domine, omnes reges terræ,
quia audierunt omnia verba oris tui.

5 Et cantent in viis Domini,
quoniam magna est gloria Domini;
6 quoniam excelsus Dominus, et humilia respicit,
et alta a longe cognoscit.
7 Si ambulavero in medio tribulationis, vivificabis me;
et super iram inimicorum meorum extendisti manum tuam,
et salvum me fecit dextera tua.
8 Dominus retribuet pro me.
Domine, misericordia tua in sæculum;
opera manuum tuarum ne despicias.

138

1 In finem, psalmus David.
Domine, probasti me, et cognovisti me;
2 tu cognovisti sessionem meam et resurrectionem meam.
3 Intellexisti cogitationes meas de longe;
semitam meam et funiculum meum investigasti:
4 et omnes vias meas prævidisti,
quia non est sermo in lingua mea.
5 Ecce, Domine, tu cognovisti omnia,
novissima et antiqua.
Tu formasti me, et posuisti super me manum tuam.
6 Mirabilis facta est scientia tua ex me;
confortata est, et non potero ad eam.
7 Quo ibo a spiritu tuo?
et quo a facie tua fugiam?
8 Si ascendero in cælum, tu illic es;
si descendero in infernum, ades.
9 Si sumpsero pennas meas diluculo,
et habitavero in extremis maris,
10 etenim illuc manus tua deducet me,
et tenebit me dextera tua.
11 Et dixi : Forsitan tenebræ conculcabunt me;
et nox illuminatio mea in deliciis meis.
12 Quia tenebræ non obscurabuntur a te,
et nox sicut dies illuminabitur:

sicut tenebræ ejus, ita et lumen ejus.
13 Quia tu possedisti renes meos;
suscepisti me de utero matris meæ.
14 Confitebor tibi, quia terribiliter magnificatus es;
mirabilia opera tua, et anima mea cognoscit nimis.
15 Non est occultatum os meum a te, quod fecisti in occulto;
et substantia mea in inferioribus terræ.
16 Imperfectum meum viderunt oculi tui,
et in libro tuo omnes scribentur.
Dies formabuntur, et nemo in eis.
17 Mihi autem nimis honorificati sunt amici tui, Deus;
nimis confortatus est principatus eorum.
18 Dinumerabo eos, et super arenam multiplicabuntur.
Exsurrexi, et adhuc sum tecum.
19 Si occideris, Deus, peccatores,
viri sanguinum, declinate a me:
20 quia dicitis in cogitatione:
Accipient in vanitate civitates tuas.
21 Nonne qui oderunt te, Domine, oderam,
et super inimicos tuos tabescebam?
22 Perfecto odio oderam illos,
et inimici facti sunt mihi.
23 Proba me, Deus, et scito cor meum;
interroga me, et cognosce semitas meas.
24 Et vide si via iniquitatis in me est,
et deduc me in via æterna.

139
1 In finem. Psalmus David.
2 Eripe me, Domine, ab homine malo;
a viro iniquo eripe me.
3 Qui cogitaverunt iniquitates in corde,
tota die constituebant prælia.

4 Acuerunt linguas suas sicut serpentis;
venenum aspidum sub labiis eorum.
5 Custodi me, Domine, de manu peccatoris,
et ab hominibus iniquis eripe me.
Qui cogitaverunt supplantare gressus meos:
6 absconderunt superbi laqueum mihi.
Et funes extenderunt in laqueum;
juxta iter, scandalum posuerunt mihi.
7 Dixi Domino : Deus meus es tu;
exaudi, Domine, vocem deprecationis meæ.
8 Domine, Domine, virtus salutis meæ,
obumbrasti super caput meum in die belli.
9 Ne tradas me, Domine, a desiderio meo peccatori:
cogitaverunt contra me;
ne derelinquas me, ne forte exaltentur.
10 Caput circuitus eorum:
labor labiorum ipsorum operiet eos.
11 Cadent super eos carbones;
in ignem dejicies eos:
in miseriis non subsistent.
12 Vir linguosus non dirigetur in terra;
virum injustum mala capient in interitu.
13 Cognovi quia faciet Dominus judicium inopis,
et vindictam pauperum.
14 Verumtamen justi confitebuntur nomini tuo,
et habitabunt recti cum vultu tuo.

140
1 Psalmus David.
Domine, clamavi ad te: exaudi me;
intende voci meæ, cum clamavero ad te.
2 Dirigatur oratio mea sicut incensum in conspectu tuo;
elevatio manuum mearum sacrificium vespertinum.
3 Pone, Domine, custodiam ori meo,
et ostium circumstantiæ labiis meis.
4 Non declines cor meum in verba malitiæ,

ad excusandas excusationes in peccatis;
cum hominibus operantibus iniquitatem,
et non communicabo cum electis eorum.
5 Corripiet me justus in misericordia, et increpabit me :
oleum autem peccatoris non impinguet caput meum.
Quoniam adhuc et oratio mea in beneplacitis eorum:
6 absorpti sunt juncti petræ judices eorum.
Audient verba mea, quoniam potuerunt.
7 Sicut crassitudo terræ erupta est super terram,
dissipata sunt ossa nostra secus infernum.
8 Quia ad te, Domine, Domine, oculi mei;
in te speravi, non auferas animam meam.
9 Custodi me a laqueo quem statuerunt mihi,
et a scandalis operantium iniquitatem.
10 Cadent in retiaculo ejus peccatores:
singulariter sum ego, donec transeam.

141
 1 Intellectus David, cum esset in spelunca, oratio.
2 Voce mea ad Dominum clamavi,
voce mea ad Dominum deprecatus sum.
3 Effundo in conspectu ejus orationem meam,
et tribulationem meam ante ipsum pronuntio:
4 in deficiendo ex me spiritum meum,
et tu cognovisti semitas meas.
In via hac qua ambulabam
absconderunt laqueum mihi.
5 Considerabam ad dexteram, et videbam,
et non erat qui cognosceret me:
periit fuga a me,
et non est qui requirat animam meam.
6 Clamavi ad te, Domine;
dixi : Tu es spes mea,
portio mea in terra viventium.
7 Intende ad deprecationem meam,
quia humiliatus sum nimis.

Libera me a persequentibus me,
quia confortati sunt super me.
8 Educ de custodia animam meam
ad confitendum nomini tuo;
me exspectant justi donec retribuas mihi.

142
1 Psalmus David, quando persequebatur eum Absalom filius ejus.
Domine, exaudi orationem meam;
auribus percipe obsecrationem meam in veritate tua;
exaudi me in tua justitia.
2 Et non intres in judicium cum servo tuo,
quia non justificabitur in conspectu tuo omnis vivens.
3 Quia persecutus est inimicus animam meam;
humiliavit in terra vitam meam;
collocavit me in obscuris, sicut mortuos sæculi.
4 Et anxiatus est super me spiritus meus;
in me turbatum est cor meum.
5 Memor fui dierum antiquorum;
meditatus sum in omnibus operibus tuis:
in factis manuum tuarum meditabar.
6 Expandi manus meas ad te;
anima mea sicut terra sine aqua tibi.
7 Velociter exaudi me, Domine;
defecit spiritus meus.
Non avertas faciem tuam a me,
et similis ero descendentibus in lacum.
8 Auditam fac mihi mane misericordiam tuam,
quia in te speravi.
Notam fac mihi viam in qua ambulem,
quia ad te levavi animam meam.
9 Eripe me de inimicis meis, Domine:
ad te confugi.
10 Doce me facere voluntatem tuam,
quia Deus meus es tu.

Spiritus tuus bonus deducet me in terram rectam.
11 Propter nomen tuum, Domine, vivificabis me:
in æquitate tua, educes de tribulatione animam meam,
12 et in misericordia tua disperdes inimicos meos,
et perdes omnes qui tribulant animam meam,
quoniam ego servus tuus sum.

143
1 Psalmus David. Adversus Goliath.
Benedictus Dominus Deus meus,
qui docet manus meas ad prælium,
et digitos meos ad bellum.
2 Misericordia mea et refugium meum;
susceptor meus et liberator meus;
protector meus, et in ipso speravi,
qui subdit populum meum sub me.
3 Domine, quid est homo, quia innotuisti ei?
aut filius hominis, quia reputas eum ?
4 Homo vanitati similis factus est;
dies ejus sicut umbra prætereunt.
5 Domine, inclina cælos tuos, et descende;
tange montes, et fumigabunt.
6 Fulgura coruscationem, et dissipabis eos;
emitte sagittas tuas, et conturbabis eos.
7 Emitte manum tuam de alto: eripe me,
et libera me de aquis multis,
de manu filiorum alienorum:
8 quorum os locutum est vanitatem,
et dextera eorum dextera iniquitatis.
9 Deus, canticum novum cantabo tibi;
in psalterio decachordo psallam tibi.
10 Qui das salutem regibus,
qui redemisti David servum tuum de gladio maligno,
11 eripe me, et erue me de manu filiorum alienorum,
quorum os locutum est vanitatem,
et dextera eorum dextera iniquitatis.

12 Quorum filii sicut novellæ plantationes in juventute sua;
filiæ eorum compositæ,
circumornatæ ut similitudo templi.
13 Promptuaria eorum plena, eructantia ex hoc in illud;
oves eorum fœtosæ, abundantes in egressibus suis;
14 boves eorum crassæ.
Non est ruina maceriæ, neque transitus,
neque clamor in plateis eorum.
15 Beatum dixerunt populum cui hæc sunt;
beatus populus cujus Dominus Deus ejus.

144

1 Laudatio ipsi David.
Exaltabo te, Deus meus rex,
et benedicam nomini tuo in sæculum, et in sæculum sæculi.
2 Per singulos dies benedicam tibi,
et laudabo nomen tuum in sæculum, et in sæculum sæculi.
3 Magnus Dominus, et laudabilis nimis,
et magnitudinis ejus non est finis.
4 Generatio et generatio laudabit opera tua,
et potentiam tuam pronuntiabunt.
5 Magnificentiam gloriæ sanctitatis tuæ loquentur,
et mirabilia tua narrabunt.
6 Et virtutem terribilium tuorum dicent,
et magnitudinem tuam narrabunt.
7 Memoriam abundantiæ suavitatis tuæ eructabunt,
et justitia tua exsultabunt.
8 Miserator et misericors Dominus:
patiens, et multum misericors.
9 Suavis Dominus universis,
et miserationes ejus super omnia opera ejus.
10 Confiteantur tibi, Domine, omnia opera tua,
et sancti tui benedicant tibi.
11 Gloriam regni tui dicent,
et potentiam tuam loquentur:
12 ut notam faciant filiis hominum potentiam tuam,

et gloriam magnificentiæ regni tui.
13 Regnum tuum regnum omnium sæculorum;
et dominatio tua in omni generatione et generationem.
Fidelis Dominus in omnibus verbis suis,
et sanctus in omnibus operibus suis.
14 Allevat Dominus omnes qui corruunt,
et erigit omnes elisos.
15 Oculi omnium in te sperant, Domine,
et tu das escam illorum in tempore opportuno.
16 Aperis tu manum tuam,
et imples omne animal benedictione.
17 Justus Dominus in omnibus viis suis,
et sanctus in omnibus operibus suis.
18 Prope est Dominus omnibus invocantibus eum,
omnibus invocantibus eum in veritate.
19 Voluntatem timentium se faciet,
et deprecationem eorum exaudiet, et salvos faciet eos.
20 Custodit Dominus omnes diligentes se,
et omnes peccatores disperdet.
21 Laudationem Domini loquetur os meum;
et benedicat omnis caro nomini sancto ejus in sæculum, et in sæculum sæculi.

145
1 Alleluja, Aggæi et Zachariæ.
2 Lauda, anima mea, Dominum.
Laudabo Dominum in vita mea;
psallam Deo meo quamdiu fuero.
Nolite confidere in principibus,
3 in filiis hominum, in quibus non est salus.
4 Exibit spiritus ejus, et revertetur in terram suam;
in illa die peribunt omnes cogitationes eorum.
5 Beatus cujus Deus Jacob adjutor ejus,
spes ejus in Domino Deo ipsius:
6 qui fecit cælum et terram,
mare, et omnia quæ in eis sunt.

7 Qui custodit veritatem in sæculum;
facit judicium injuriam patientibus;
dat escam esurientibus.
Dominus solvit compeditos;
8 Dominus illuminat cæcos.
Dominus erigit elisos;
Dominus diligit justos.
9 Dominus custodit advenas,
pupillum et viduam suscipiet,
et vias peccatorum disperdet.
10 Regnabit Dominus in sæcula;
Deus tuus, Sion, in generationem et generationem.

146
1 Alleluja.
Laudate Dominum, quoniam bonus est psalmus;
Deo nostro sit jucunda, decoraque laudatio.
2 Ædificans Jerusalem Dominus,
dispersiones Israëlis congregabit:
3 qui sanat contritos corde,
et alligat contritiones eorum;
4 qui numerat multitudinem stellarum,
et omnibus eis nomina vocat.
5 Magnus Dominus noster, et magna virtus ejus,
et sapientiæ ejus non est numerus.
6 Suscipiens mansuetos Dominus;
humilians autem peccatores usque ad terram.
7 Præcinite Domino in confessione;
psallite Deo nostro in cithara.
8 Qui operit cælum nubibus,
et parat terræ pluviam;
qui producit in montibus fœnum,
et herbam servituti hominum;
9 qui dat jumentis escam ipsorum,
et pullis corvorum invocantibus eum.
10 Non in fortitudine equi voluntatem habebit,

nec in tibiis viri beneplacitum erit ei.
11 Beneplacitum est Domino super timentes eum,
et in eis qui sperant super misericordia ejus.

147
 1 Alleluja.
Lauda, Jerusalem, Dominum;
lauda Deum tuum, Sion.
2 Quoniam confortavit seras portarum tuarum;
benedixit filiis tuis in te.
3 Qui posuit fines tuos pacem,
et adipe frumenti satiat te.
4 Qui emittit eloquium suum terræ:
velociter currit sermo ejus.
5 Qui dat nivem sicut lanam;
nebulam sicut cinerem spargit.
6 Mittit crystallum suam sicut buccellas:
ante faciem frigoris ejus quis sustinebit?
7 Emittet verbum suum, et liquefaciet ea;
flabit spiritus ejus, et fluent aquæ.
8 Qui annuntiat verbum suum Jacob,
justitias et judicia sua Israël.
9 Non fecit taliter omni nationi,
et judicia sua non manifestavit eis.
Alleluja.

148
 1 Alleluja.
Laudate Dominum de cælis ;
laudate eum in excelsis.
2 Laudate eum, omnes angeli ejus;
laudate eum, omnes virtutes ejus.
3 Laudate eum, sol et luna;
laudate eum, omnes stellæ et lumen.
4 Laudate eum, cæli cælorum;
et aquæ omnes quæ super cælos sunt,

5 laudent nomen Domini.
Quia ipse dixit, et facta sunt;
ipse mandavit, et creata sunt.
6 Statuit ea in æternum, et in sæculum sæculi;
præceptum posuit, et non præteribit.
7 Laudate Dominum de terra,
dracones et omnes abyssi;
8 ignis, grando, nix, glacies, spiritus procellarum,
quæ faciunt verbum ejus;
9 montes, et omnes colles;
ligna fructifera, et omnes cedri;
10 bestiæ, et universa pecora;
serpentes, et volucres pennatæ;
11 reges terræ et omnes populi;
principes et omnes judices terræ;
12 juvenes et virgines; senes cum junioribus,
laudent nomen Domini:
13 quia exaltatum est nomen ejus solius.
14 Confessio ejus super cælum et terram;
et exaltavit cornu populi sui.
Hymnus omnibus sanctis ejus;
filiis Israël, populo appropinquanti sibi.
Alleluja.

149
1 Alleluja.
Cantate Domino canticum novum;
laus ejus in ecclesia sanctorum.
2 Lætetur Israël in eo qui fecit eum,
et filii Sion exsultent in rege suo.
3 Laudent nomen ejus in choro;
in tympano et psalterio psallant ei.
4 Quia beneplacitum est Domino in populo suo,
et exaltabit mansuetos in salutem.
5 Exsultabunt sancti in gloria;
lætabuntur in cubilibus suis.

6 Exaltationes Dei in gutture eorum,
et gladii ancipites in manibus eorum:
7 ad faciendam vindictam in nationibus,
increpationes in populis;
8 ad alligandos reges eorum in compedibus,
et nobiles eorum in manicis ferreis;
9 ut faciant in eis judicium conscriptum:
gloria hæc est omnibus sanctis ejus.
Alleluja.

150
1 Alleluja.
Laudate Dominum in sanctis ejus;
laudate eum in firmamento virtutis ejus.
2 Laudate eum in virtutibus ejus;
laudate eum secundum multitudinem magnitudinis ejus.
3 Laudate eum in sono tubæ;
laudate eum in psalterio et cithara.
4 Laudate eum in tympano et choro;
laudate eum in chordis et organo.
5 Laudate eum in cymbalis benesonantibus;
laudate eum in cymbalis jubilationis.
6 Omnis spiritus laudet Dominum!
Alleluja.

In nomine Patris, et Filii, et Spiritus Sancti.

Amen

Printed in Great Britain
by Amazon